किसी बहाने

किसी बहाने

डॉ. पुष्पा संघी

अरुणोदय प्रकाशन

अरुणोदय प्रकाशन

4695, 21-ए, दरियागंज, नयी दिल्ली-110002

फोन : 011-65456829

ई-मेलः arunodayprakashan@in.com

द्वारा प्रकाशित

KISI BAHANE
by Dr. Pushpa Sanghi

ISBN : 81-88473-90-1
Collection of Poems

प्रथम संस्करण

मूल्य : ₹ 395

आवरण चित्र : सुश्री हिता संघी

एजे. बुक बाइंडिंग हाउस, नयी दिल्ली-110002 द्वारा मुद्रित

भूमिका

गुलाब की ख़ुशबू उड़ी तो गुलाब का इत्र बन गया। चमेली का इत्र चमेली से बना और मोगरे का, मोगरे के फूलों से।

मगर मन की ख़ुशबू एक नहीं होती! वो पल-पल, अलग-अलग ख़ुशबुएँ देता है... !

ये जो पुष्पा जी हैं। कमाल करती हैं। अलग-अलग ख़ुशबुओं को अलग-अलग कविताओं में सँभाल लिया है।

ये कविताएँ बिलकुल उनके नाम जैसी हैं।

इनमें मन महकता है।

गुलज़ार

30 मई, 2012
मुम्बई

अनुक्रम

बच्चे/बचपन/बाल्य क्रीड़ा

कुनकुनी धूप

Student/Doctor Life

कहीं कुछ चुभता है

बच्चे / बचपन / बाल्य क्रीड़ा

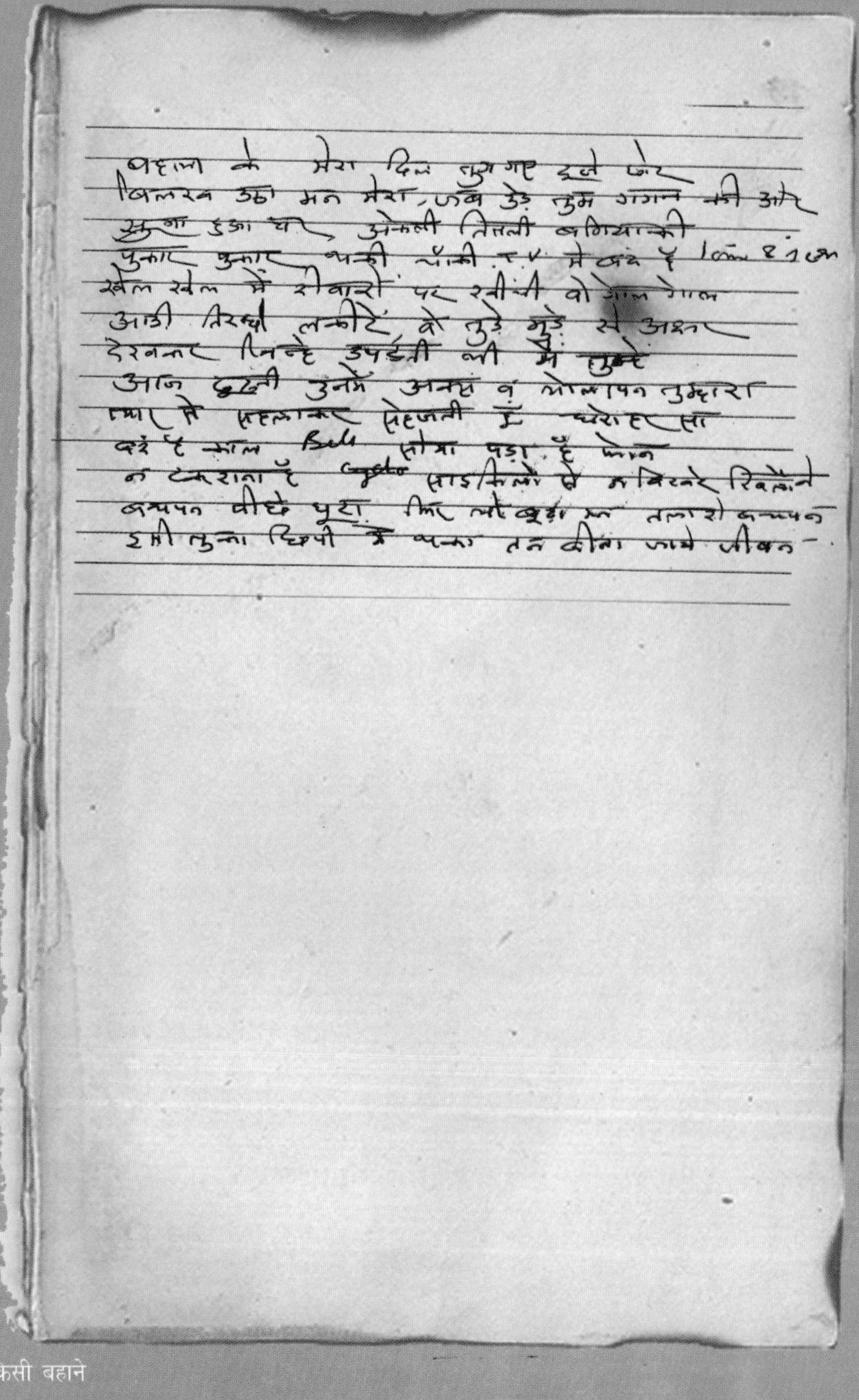
बहाना के मेरा दिल तुम गए दूर छोड़
बिलख उठा मन मेरा, जब उड़े तुम गगन की ओर
सूना हुआ घर, अकेली तितली बगिया की
पुकार पुकार थकी आँखें T.V. में बंद है [illegible]
खेल खेल में दीवारों पर खींची वो गोल गोल
आड़ी तिरछी लकीरें, वो टूटे मुड़े से अक्षर
देखकर जिन्हें डपटती थी मैं तुमको
आज ढूँढती उनमें अल्हड़ व भोलापन तुम्हारा
प्यार से सहलाकर सहेजती हूँ धरोहर सा
[illegible] Ball सोया पड़ा है कोना
न टकराता हूँ cycle साइकिलों से न बिखरे खिलौने
बचपन पीछे पूरा फिर भी बूढ़ा मन तलाशे बचपन
इसी तुम्हा छिपी के [illegible] तन बीता जाये जीवन

बच्चों की याद

बहला के मेरा दिल तुम गए दूजे फेर
बिलख उठा मन मेरा, जब उड़े तुम गगन की ओर
सूना हुआ, घर, अकेली तितली बगिया की
पुकार-पुकार थकी चौकी, टी.वी. में बन्द है टाम और जैरी
खेल खेल में दीवारों पर खींच वो गोल गोल
आड़ी तिरछी लकीरें, वो तुड़े-गुड़े से अक्षर
देख कर जिन्हें डपटती थी मैं तुम्हें
आज ढूँढ़ती उनमें अक्स व भोलापन तुम्हारा
प्यार से सहलाकर सहेजती धरोहर-सा
बन्द है कॉलबेल सोया पड़ा है फोन
न टकराना है साइकिलों से न बिखरे खिलौने
बचपन पीछे छूटा फिर भी बूढ़ा मन तलाशे बचपन
इसी लुका छिपी में थका तन बीता जाये जीवन

पप्पी

तन की आँखें, तुझे देख नहीं पातीं
मन की आँखें हरदम तुझे पास पातीं
तुझे छूती हूँ सहलाती हूँ, मन को बहलाती हूँ
तुम बच्चे मेरी जीवन पूँजी, तुम हो मेरी थाती

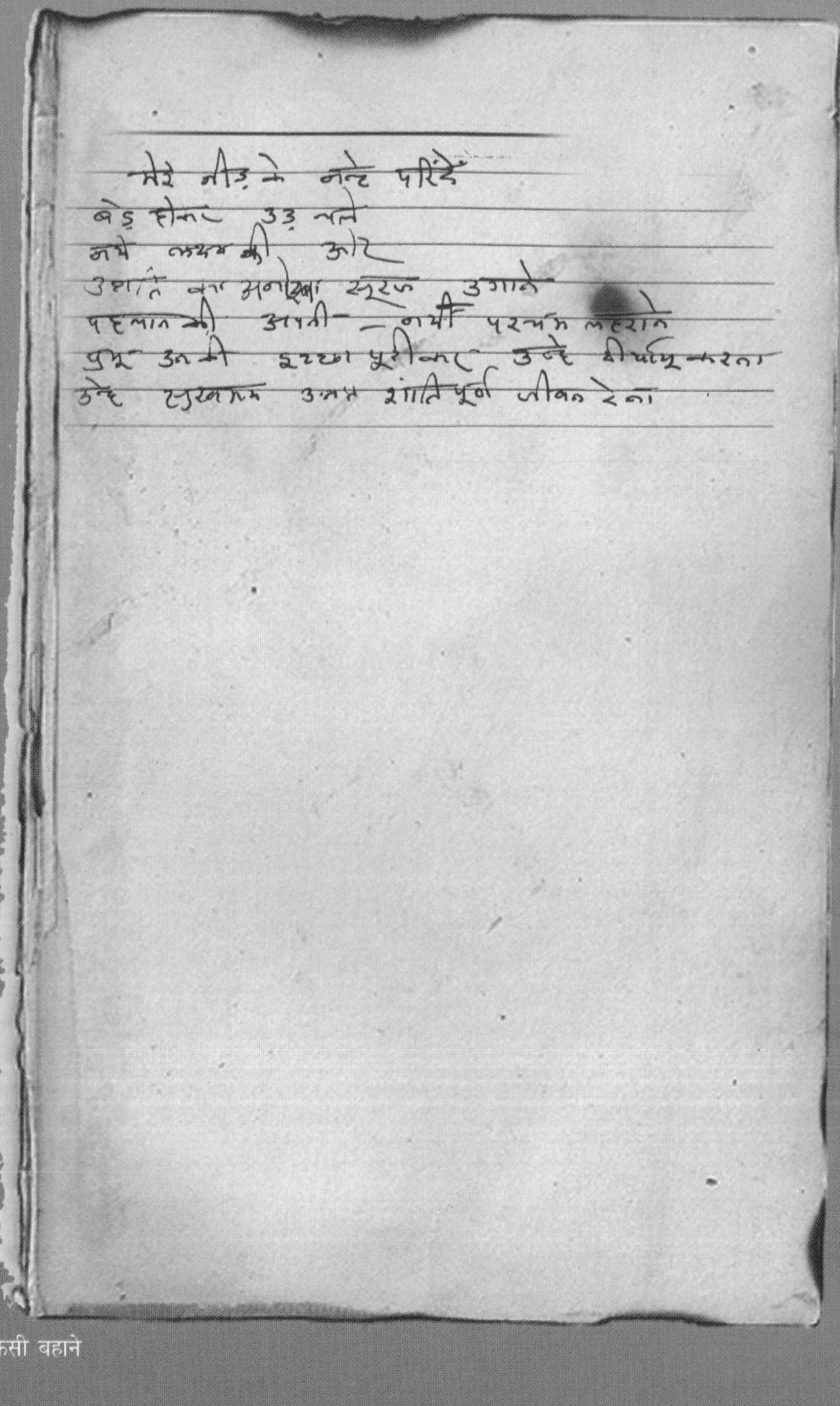
मेरे नीड़ के नन्हे परिंदे
बड़े होकर उड़ चले
नये लक्ष्य की ओर
उम्मीदें का अनोखा सूरज उगाने
पहचान की अपनी – नयी परचम लहराने
प्रभू उनकी इच्छा पूरी करे उन्हें दीर्घायू करना
उन्हें सुखमय उन्नत शांतिपूर्ण जीवन देना

परिन्दे

मेरे नीड़ के नन्हें परिन्दे
बड़े होकर उड़ चले
नये लक्ष्य की ओर
उन्नति का अनोखा सूरज उगाने
पहचान की अपनी नयी परचम लहराने
प्रभु उनकी इच्छा पूरी कर उन्हें दीर्घायु करना
उन्हें सुखमय उत्तम शान्तिपूर्ण जीवन देना

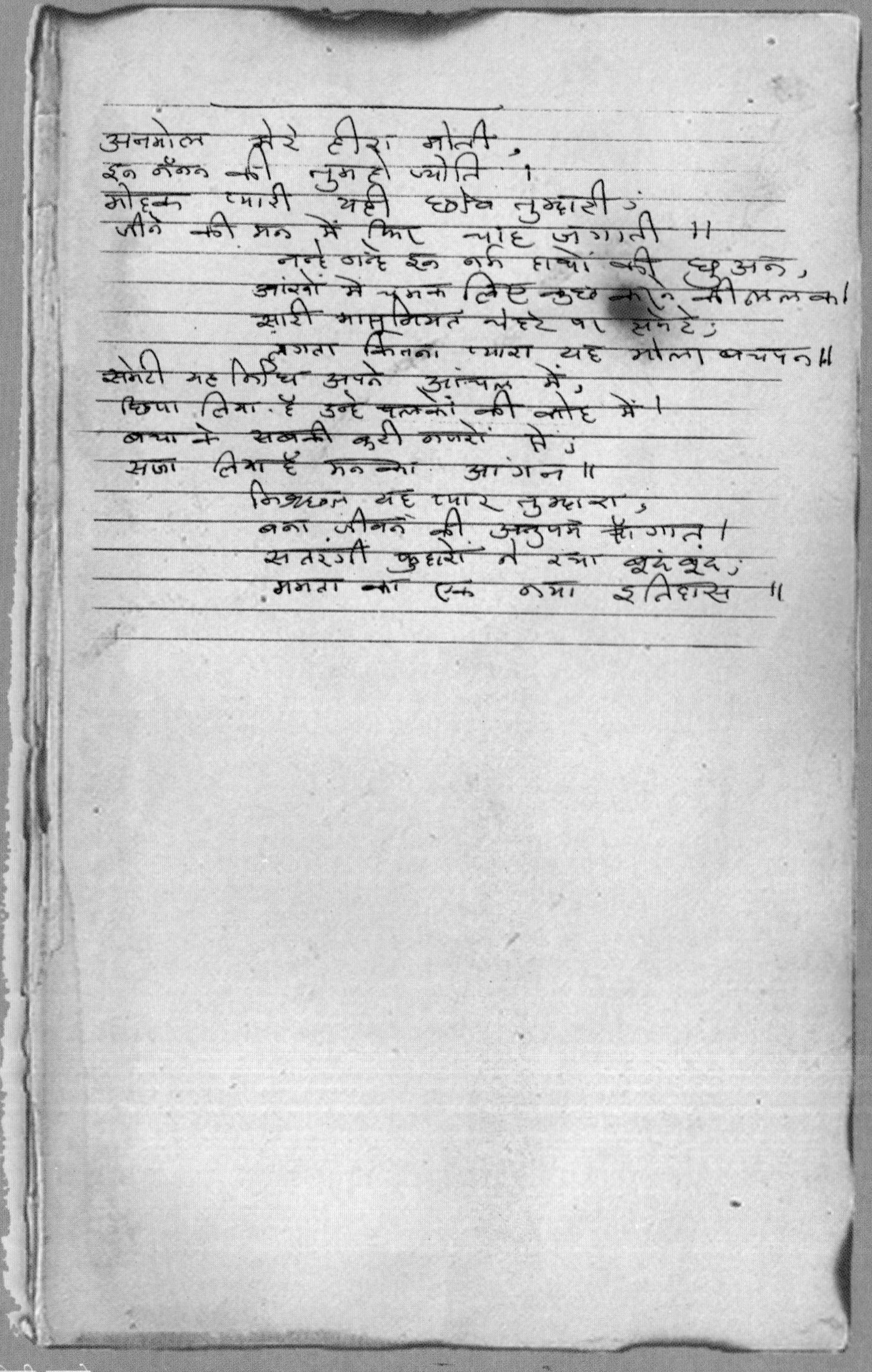

अनमोल मेरे हीरा मोती,
इन नैनन की तुम हो ज्योति।
मोहक प्यारी यही छवि तुम्हारी;
जीने की मन में फिर चाह जगाती॥
नन्हे नन्हे इन नर्म हाथों की छुअन,
आंखों में चमक लिए कुछ भोलेपन की झलक।
सारी मासूमियत चेहरे पर समेटे;
लगता कितना प्यारा यह भोला बचपन॥
समेटी यह निधि अपने आंचल में,
छिपा लिया है उन्हें पलकों की ओट में।
बचा के सबकी बुरी नजरों से;
सजा लिया है मन का आंगन॥
निश्छल यह प्यार तुम्हारा,
बना जीवन की अनुपम सौगात।
सतरंगी फुहारों ने रचा बूंद-बूंद;
ममता का एक नया इतिहास॥

चीनू हिता

अनमोल मेरे हीरा मोती,
इन नैनन की तुम हो ज्योति।
मोहन प्यारी यही छवि तुम्हारी;
जीने की मन में फिर चाह जगाती।

नन्हे नन्हे इन नर्म हाथों की छुअन,
आँखों में चमक लिए कुछ करने की ललकारी।
सारी मासूमियत चेहरे पर समेटे;
लगता कितना प्यारा यह भोला बचपन ॥

समेटी यह निधि अपने आँचल में,
छिपा लिया है उन्हें पलकों की कोह में।
बचा के सबकी कटी नजरों से;
सजा लिया है मन का आँगन ॥

निश्छल यह प्यार तुम्हारा,
बना जीवन की अनुपम सौगात।
सतरंगी फुहारों ने रचा बूँद-बूँद;
ममता का एक नया इतिहास ॥

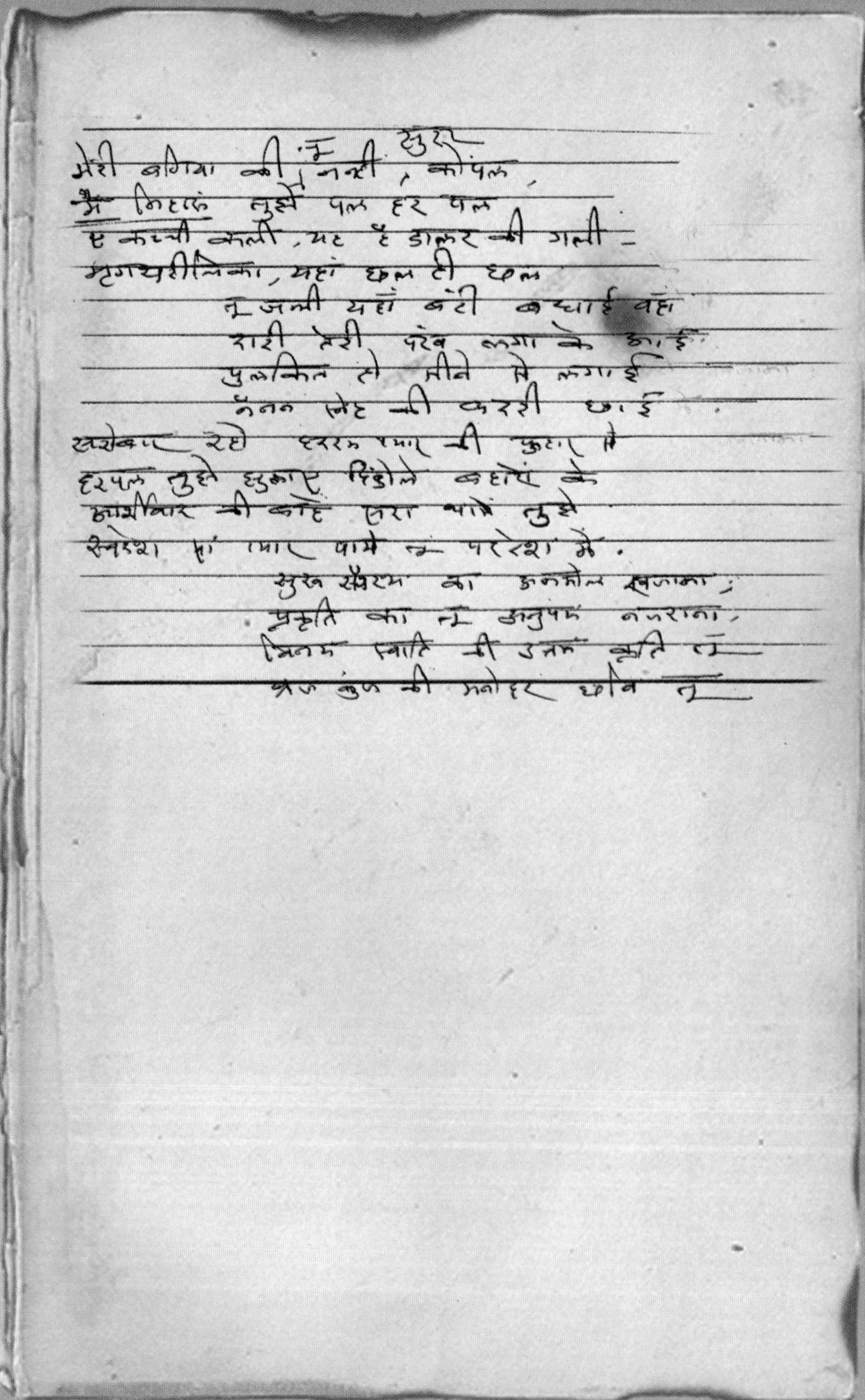
मेरी बगिया की तू नन्ही, सुन्दर कोंपल,
मैं निहारूं तुझे पल हर पल
ए कच्ची कली, यह है डालर की गली -
मृगमरीचिका, यहां छल ही छल
तू जन्मी यहाँ बंटी बधाई वहां
सारी तेरी परख लगा के आई
पुलकित हो सीने से लगाई
नैनन नेह की करती छाई
खिलकर रहो हरदम प्यार की फुहार से
हरपल तुझे झुलाए हिंडोले बहारों के
आशीर्वाद की बांह सदा पाये तुझे
स्वदेश का प्यार पाये तू परदेश में.
सुख समृद्धि का अनमोल खजाना;
प्रकृति का तू अनुपम नजराना,
मिलन स्वाति की उत्तम कृति तू
ब्रज कुंज की मनोहर छवि तू

कृति

मेरी बगिया की तू नन्ही सुन्दर कोपल
मैं निहारूँ तुझे पल हर पल
एक कच्ची कली यह है डॉलर की गली
मृगमरीचिका यहाँ छल ही छल

तू जन्मी यहाँ, बँटी बधाई वहाँ
दादी तेरी पंख लगा के आई
पुलकित हो सीने से लगाई
नैनन स्नेह की बदरी छाई

सराबोर रहो हरदम प्यार की फुहार से
हर पल तुझे झुलाएँ हिंडोले बहार के
आशीर्वाद की बाँहें सदा थामे तुझे
स्वदेश-सा प्यार पाये तू परदेश में

सुख सौरभ का अनमोल खजाना,
प्रकृति का तू अनुपम नजराना
विनय स्वाति की उत्तम कृति तू
ब्रज कुंज की मनोहर छवि तू

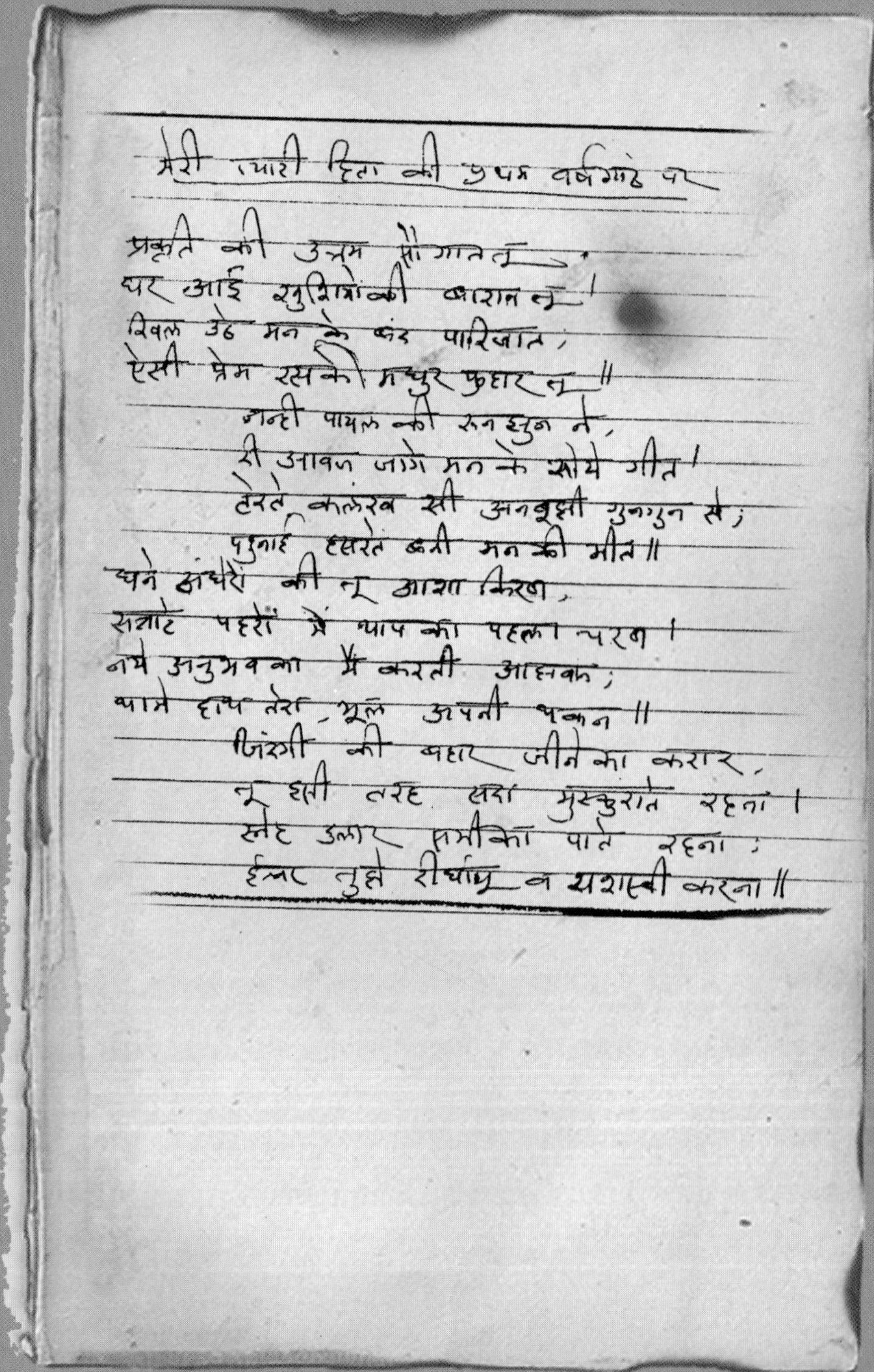

मेरी प्यारी दिता की प्रथम वर्षगांठ पर

प्रकृति की उत्तम सौगात तू,
घर आई खुशियों की बारात तू।
खिल उठे मन के बंद पारिजात;
ऐसी प्रेम रस की मधुर फुहार तू॥
नन्ही पायल की रुनझुन ने,
दी आवाज जागे मन के सोये गीत।
तेरे कलरव सी अनबूझी गुनगुन से;
पहुनाई हसरतें बनी मन की मीत॥
घने अंधेरों की तू आशा किरण,
सन्नाटे पहरों में प्यार का पहला चरण।
नये अनुभव का मैं करती आह्वान;
थामे हाथ तेरा भूल अपनी थकान॥
जिंदगी की बहार जीने का करार,
तू इसी तरह सदा मुस्कुराते रहना।
स्नेह दुलार सभी का पाते रहना;
ईश्वर तुझे दीर्घायु व यशस्वी करना॥

प्यारी हिता

प्रकृति की उत्तम सौगात,
घर आई खुशियों की बारात तू।
खिल उठे मन के बन्द पारिजात;
ऐसी प्रेम रस की मधुर फुहार तू ॥

नन्ही पायल की रुनझुन गुनगुन से,
दी आवाज जागे मन के सोये गीत।
टेरते कलरव सी अनबुझी गुनगुन से;
पहुनाई हसरतें बनी मन की मीत ॥

घने अँधेरों की तू आशा किरण;
सन्नाटे पहरों में थाप का पहला चरण।
नये अनुभव का मैं करती आह्वान;
थामे हाथ तेरा, भूल अपनी थकन ॥

ज़िन्दगी की बहार जीने का करार,
तू इसी तरह सदा मुस्कुराते रहना।
स्नेह दुलार सभी का पाते रहना;
ईश्वर तुझे दीर्घायु व यशस्वी करना ॥

कुनकुनी धूप

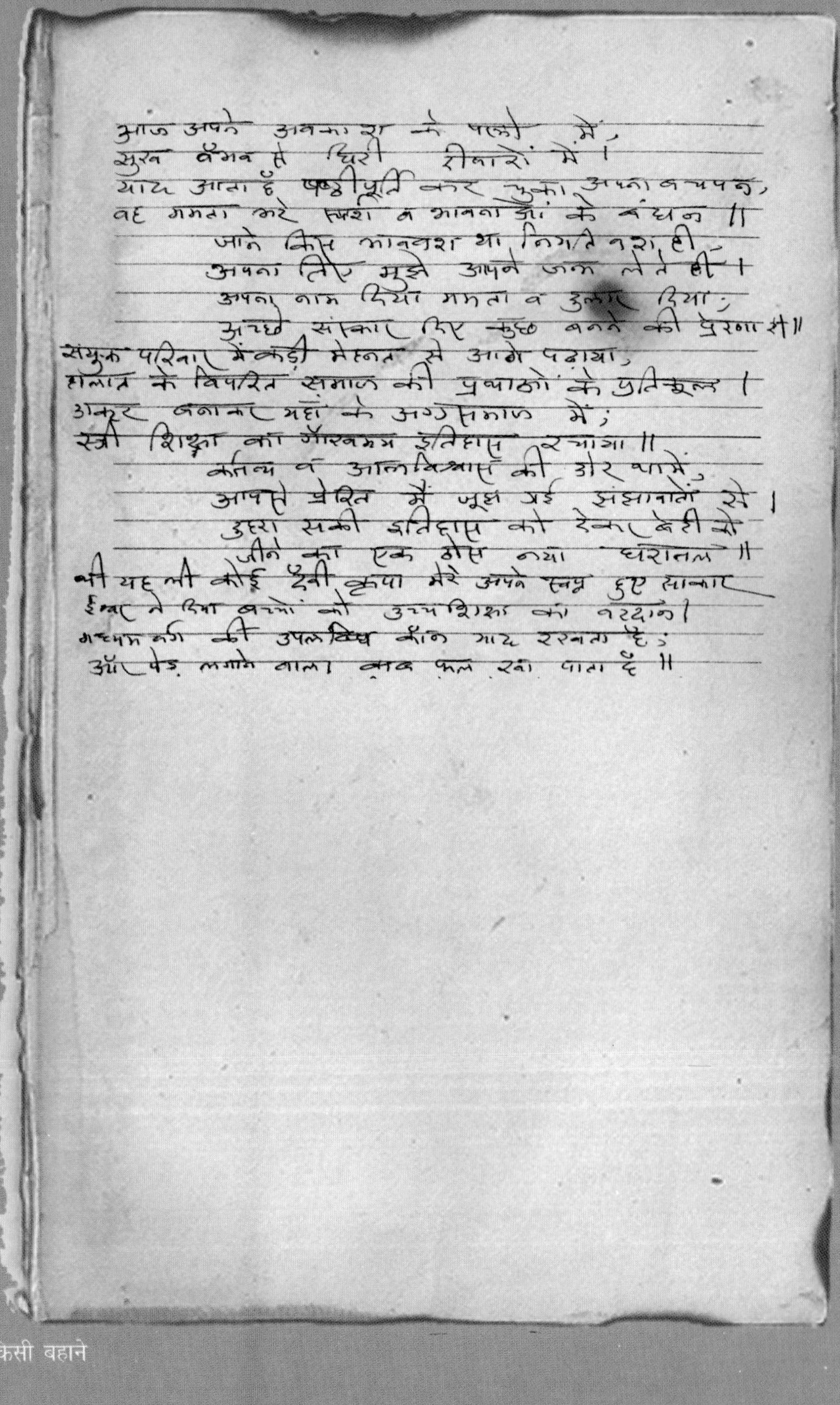
आज अपने अवकाश के पलों में,
सुख वैभव से घिरी दीवारों में।
याद आता है षष्ठीपूर्ति कर चुका अपना बचपन,
वह ममता भरे स्पर्श व भावनाओं के बंधन॥
जाने किस भाववश या नियति वश ही,
अपना लिए मुझे आपने जन्म लेते ही।
अपना नाम दिया ममता व दुलार दिया;
अच्छे संस्कार दिए कुछ बनने की प्रेरणा से॥
संयुक्त परिवार में कड़ी मेहनत से आगे पढ़ाया,
हालात के विपरीत समाज की प्रथाओं के प्रतिकूल।
अंकुर बनाकर यहाँ के अग्रसमाज में;
स्त्री शिक्षा का गौरवमय इतिहास रचाया॥
कर्तव्य व आत्मविश्वास की ओर थामे,
आपसे प्रेरित मैं जूझ गई झंझावातों से।
दुहरा सकी इतिहास को देकर बेटी को
जीने का एक ठोस नया धरातल॥
थी यह भी कोई दैवी कृपा मेरे अपने स्वप्न हुए साकार
ईश्वर ने दिया बच्चों को उच्च शिक्षा का वरदान।
मध्यम वर्ग की उपलब्धि कौन याद रखता है;
और पेड़ लगाने वाला कब फल खा पाता है॥

सतरंगी फुहारें

आज अपने अवकाश के पलों में,
सुख वैभव से घिरी दीवारों में।
याद आता है षष्ठीपूर्ति कर चुका अपना बचपन;
वह ममता भरे स्पर्श व भावनाओं के बन्धन ॥

जाने किस भाववश था नियतिवश ही,
अपना लिये गुझे आपने मुझे जन्म लेते ही।
अपना नाम दिया ममता व दुलार दिया;
अच्छे संस्कार दिये कुछ बनने की प्रेरणा दी ॥

संयुक्त परिवार में कड़ी मेहनत से आगे पढ़ाया,
हालात के विपरीत समाज की प्रथाओं के प्रतिकूल।
डाक्टर बना कर यहाँ के अग्र समाज में;
स्त्री शिक्षा का गौरवमय इतिहास रचाया ॥

कर्त्तव्य व आत्मविश्वास की डोर थामे,
आपसे प्रेरित मैं जूझ गई झंझावातों से।
दुहरा सकी इतिहास को देकर बेटी को;
जीने का एक ठोस नया धरातल ॥

थी यह भी कोई दैवी कृपा मेरे अपने स्वप्न हुए साकार,
ईश्वर ने दिया बच्चों को उच्च शिक्षा का बरदान।
मध्यम वर्ग की उपलब्धि कौन याद रखता है;
और पेड़ लगाने वाला कहाँ फल खा पाता है ॥

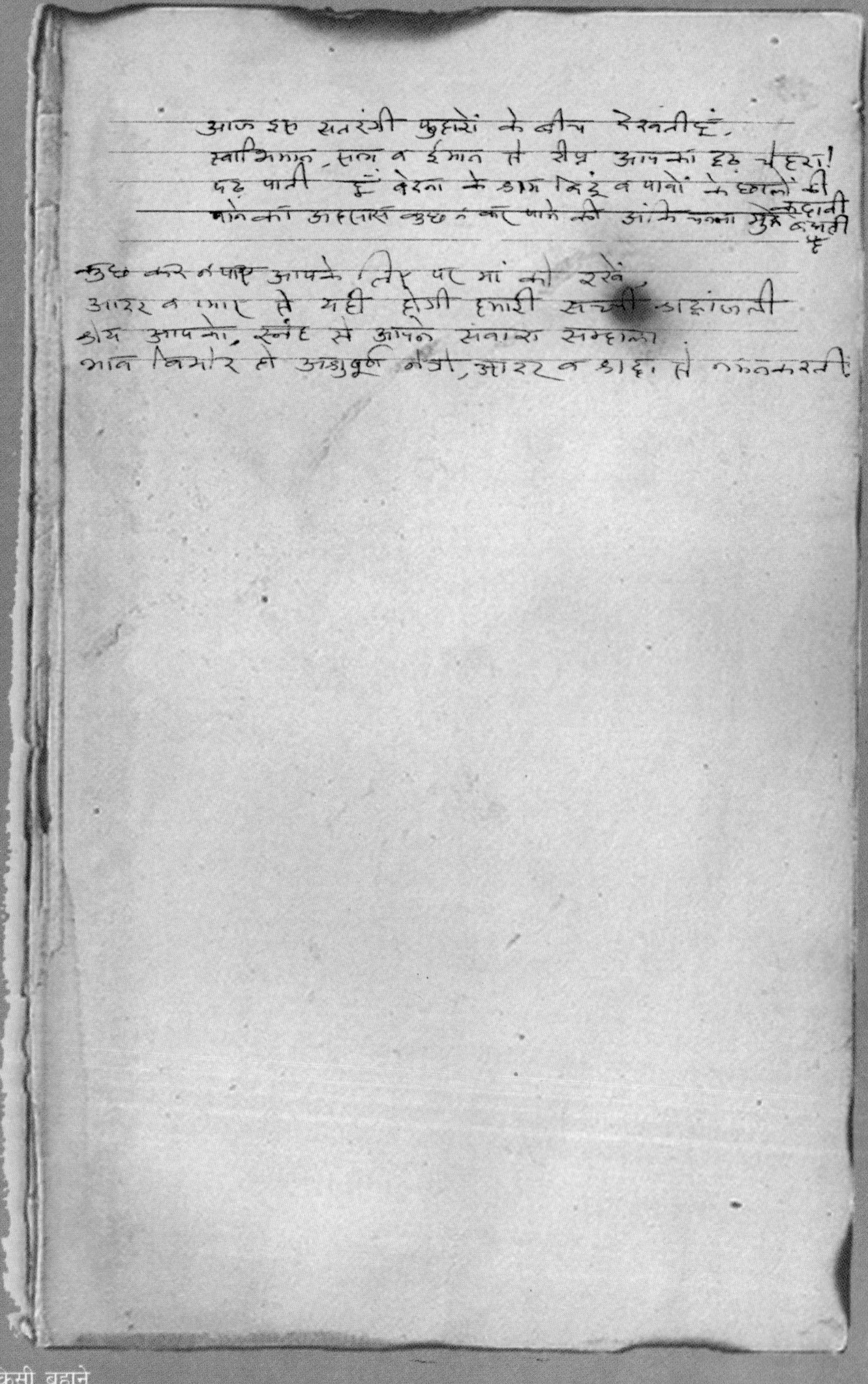
आज इन सतरंगी फुहारों के बीच देखती हूं,
स्वाभिमान, सत्य व ईमान से दीप्त आपका दृढ़ चेहरा!
पढ़ पाती हूं वेदना के अमिट चिह्न व पांवों के छालों की
मौन की अनगिनत कुछ न कह पाने की अंकित कहानी मुझे कहती है
कुछ कर न पाए आपके लिए पर मां को रखें,
आदर व प्यार से यही होगी हमारी सच्ची श्रद्धांजलि
श्रेय आपको, स्नेह से आपने संवारा सम्हाला।
भाव विभोर से अश्रुपूर्ण नेत्र, आदर व श्रद्धा से नमन करती।

आज इस सतरंगी फुहारों के बीच देखती हूँ,
स्वाभिमान, सत्य व ईमान से दीप्त आपका दृढ़ चेहरा
पढ़ पाती हूँ वेदना के श्रम बिन्दु व पाँवों के छालों की कहानी
खोने का अहसास कुछ न कर पाने की अकिंचनता
मुझे कहानी बेधती है

कुछ कर न पाये आपके लिए पर माँ को रखें।
आदर व प्यार से यही होगी हमारी सच्ची श्रद्धांजलि
श्रेय आपको, स्नेह से आपने सँवारा सम्हाला
भाव-विभोर हो अश्रुपूर्ण नेत्रों, आदर व श्रद्धा से नमन करती।

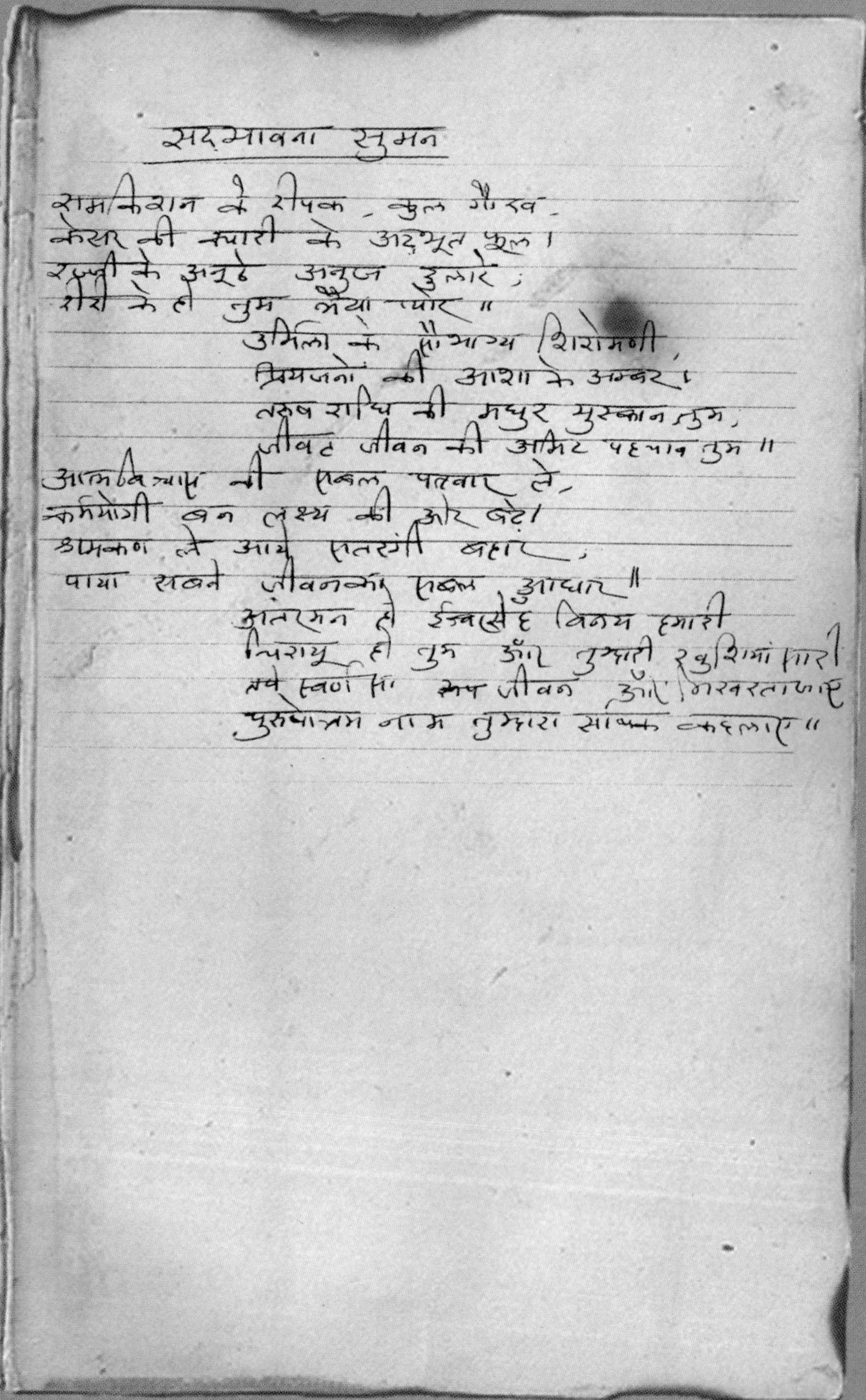
सद्भावना सुमन

रामकिशन के दीपक, कुल गौरव,
केसर की क्यारी के अद्भुत फूल।
रज्जी के अनूठे अनुज दुलारे;
दीदी के हो तुम भैया प्यारे॥

उर्मिला के सौभाग्य शिरोमणी,
प्रियजनों की आशा के अम्बर।
तरुण राघि की मधुर मुस्कान तुम,
जीवट जीवन की अमिट पहचान तुम॥

आत्मविश्वास की सबल पतवार ले,
कर्मयोगी बन लक्ष्य की ओर बढ़े।
श्रमकण ले आये सतरंगी बहार;
पाया सबने जीवन का सबल आधार॥

अंतरमन से ईश्वर से है विनय हमारी
चिरायु हो तुम और तुम्हारी खुशियां सारी
नव स्वर्ण सा रूप जीवन और निखरता जाए
पुरुषोत्तम नाम तुम्हारा सार्थक कहलाए॥

सद्भावना

रामकिशन के दीपक, कुल गौरव,
केसर की क्यारी के अद्भुत फूल।
रज्जी के अनूठे अनुज दुलारे;
दीदी के हो तुम भैया प्यारे ॥

उर्मिला के सौभाग्य शिरोमणि,
प्रियजनों की आशा के अम्बर।
तरुणराशि की मधुर मुस्कान तुम;
जीवट जीवन की अमिट पहचान तुम ॥

आत्मविश्वास की सबल पतवार ले,
कर्मयोगी बन लक्ष्य की ओर बढ़े।
श्रमकण ले आये सतरंगी बहार;
पाया सबने जीवन का सबल आधार ॥

अंतरमन से है विनय हमारी ॥
चिरायु हो तुम और तुम्हारी खुशियाँ सारी
तपे स्वर्ण-सा जीवन और निखरता जाये
पुरुषोत्तम नाम तुम्हारा सार्थक कहलाये ॥

चि. प्रिय भाई पुरुषोत्तम
अभिनन्दन है आओ मेरे आँगन प्यारे
हे ज्योति पुंज तुम घर के लिए उजियारे
आज उगा नभ में स्वर्णिम रवि हमारे
स्वागत में अर्पित पत्र पुष्प तुम्हारे
दीदी

प्रिय भाई

अभिनन्दन है आओ मेरे भैया प्यारे
हे ज्योति पुंज तुम घर के चिर उजियारे
आज उगा नभ में स्वर्ण रवि हमारे
स्वागत में अर्पित पत्र पुष्प तुम्हारे

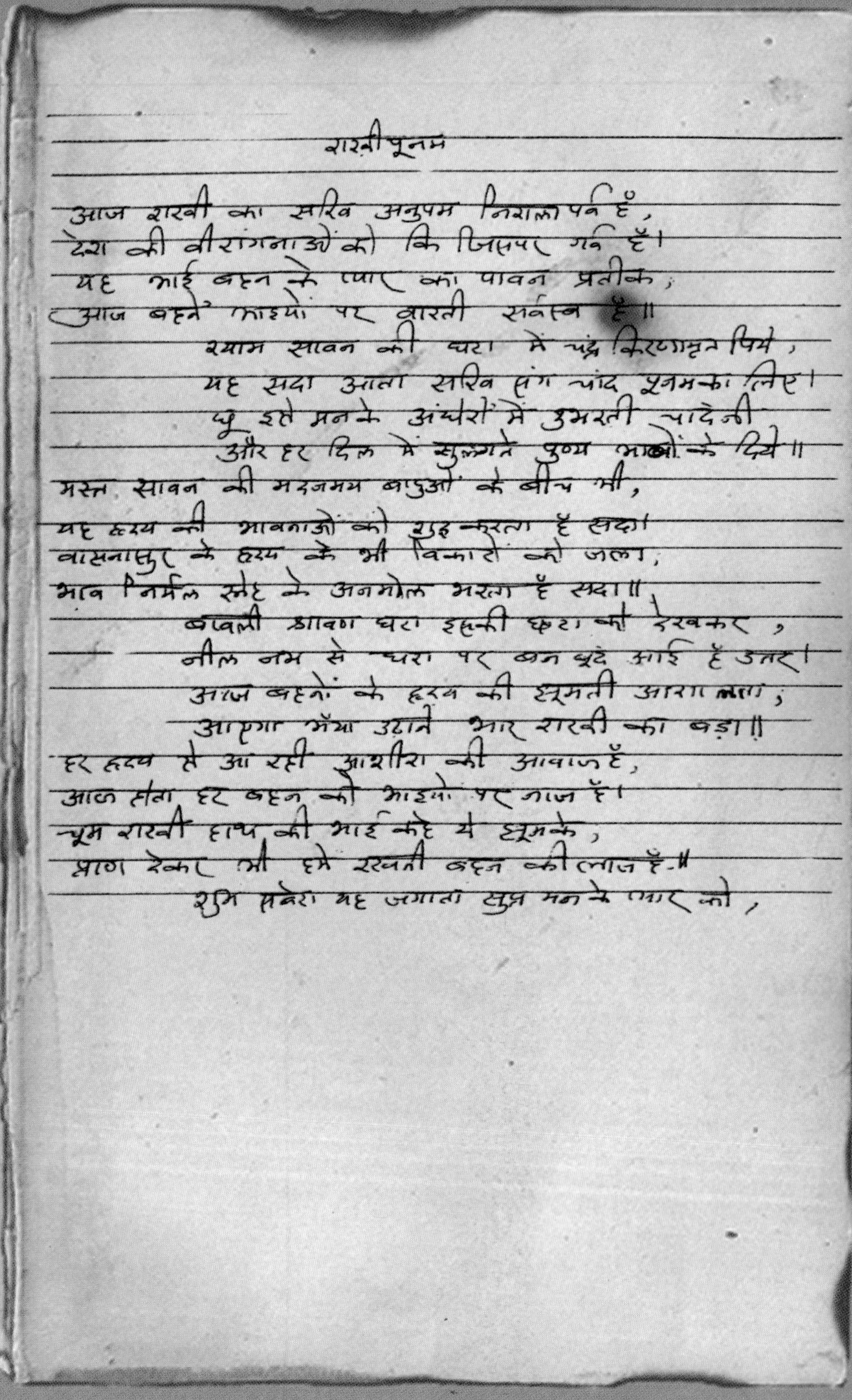

राखी पूनम

आज राखी का सखि अनुपम निराला पर्व है,
देश की वीरांगनाओं को कि जिसपर गर्व है।
यह भाई बहन के प्यार का पावन प्रतीक;
आज बहनें भाइयों पर वारती सर्वस्व हैं॥
श्याम सावन की घटा में चंद्र किरणामृत पिये,
यह सदा आता सखि संग चांद पूनम का लिए।
धु इते मन के अंधेरों में उभरती चांदनी
और हर दिल में सुलगते पुण्य भावों के दिये॥
मस्त सावन की मदजमय वायुओं के बीच भी,
यह हृदय की भावनाओं को शुद्ध करता है सदा
वासनासुर के हृदय के भी विकारों को जला,
भाव निर्मल स्नेह के अनमोल भरता है सदा॥
बावली श्रावण घटा इठलाती घटा को देखकर,
नील नभ से धरा पर बन बूंदें आई हैं उतर।
आज बहनों के हृदय की झूमती आशा लता;
आएगा भैया उठाने भार राखी का बड़ा॥
हर हृदय से आ रही आशीश की आवाज है,
आज होता हर बहन को भाइयों पर नाज है।
चूम राखी हाथ की भाई कहे ये झूमके,
प्राण देकर भी हमें रखनी बहन की लाज है॥
शुभ सवेरा यह जगाता शुभ्र मन के प्यार को,

निर्मल प्रेम

आज राखी का सखि अनुपम निराला पर्व है,
देश की वीरांगनाओं को कि जिस पर गर्व है।
वह भाई बहन के प्यार का पावन प्रतीक है;
आज बहनें भाइयों पर वारती सर्वस्व हैं ॥

श्याम सावन की घटा में चन्द्र किरणामृत पिये,
यह सदा आता सखि संग चाँद पूनम का लिए।
छू इसे मन के अँधेरों में उभरती चाँदनी,
और हर दिल में सुलगते पुण्य भावों के दिये ॥

मस्त सावन की गरजमय बाहुओं के बीच भी,
यह हृदय की भावनाओं को शुद्ध करता है सदा।
वासनासुर के हृदय के भी विकारों को जला;
भाव निर्मल स्नेह के अनमोल भरता है सदा ॥

बावली श्रावण घटा इसकी छटा को देखकर,
नील नभ से धरा पर बन बूँद आई है उतर।
आज बहनों के हृदय की झूमती आशा लता;
आयेगा भैया उठाने भार राखी का बड़ा ॥

हर हृदय से आ रही आशीष की आवाज़ है,
आज होता हर बहन को भाइयों पर नाज है।
चूम राखी हाथ को भाई कहे ये झूमके;
प्राण देकर भी हमें रखनी बहन की लाज हैं ॥

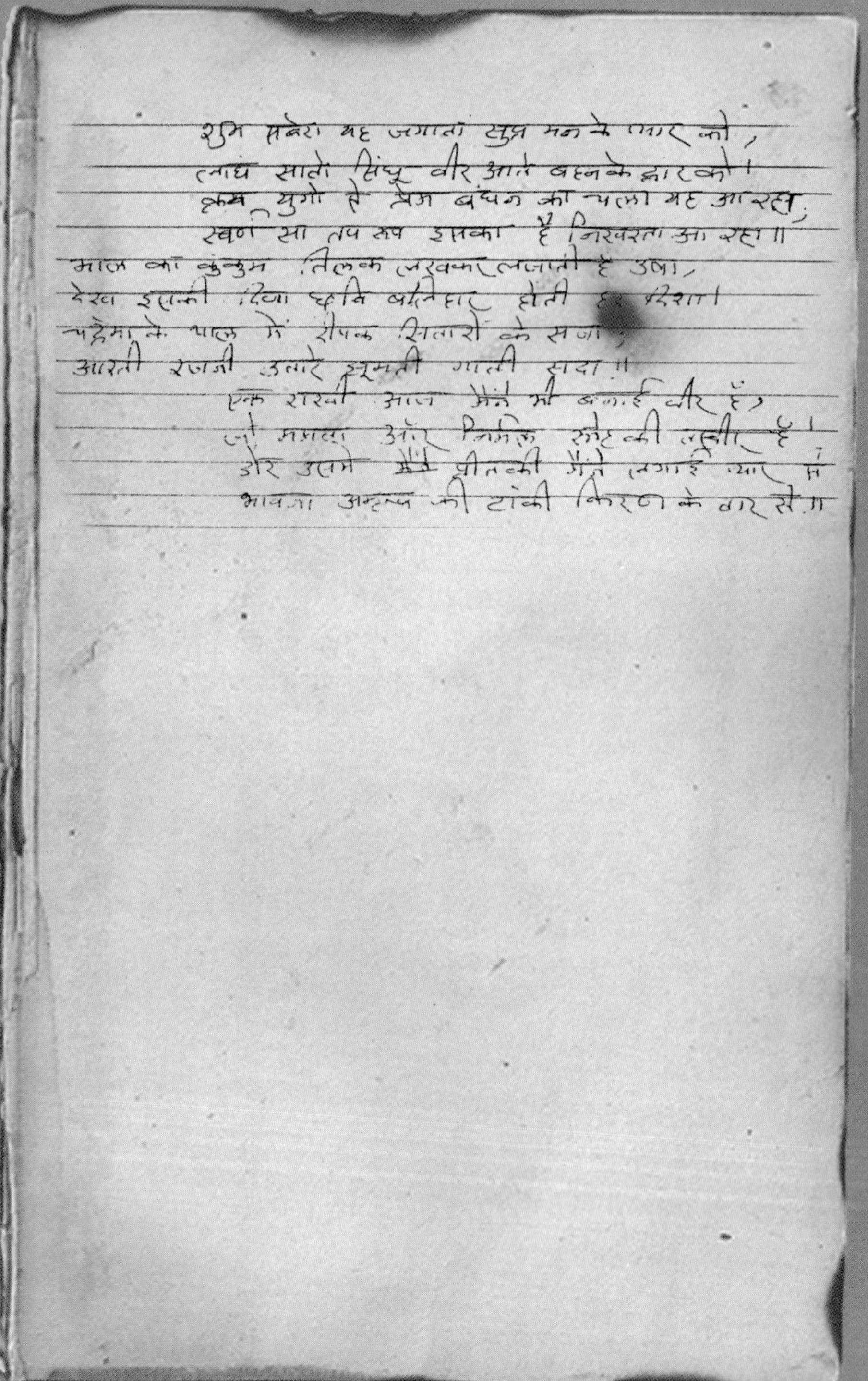

शुभ सबेरा यह जगाता सुप्त मन के प्यार को,
लांघ सातों सिंधु वीर आते बहन के द्वार को।
कब युगों से प्रेम बंधन का चला यह आ रहा,
स्वर्ण सा तप रूप इसका है निखरता आ रहा॥
भाल का कुंकुम तिलक लखकर लजाती है उषा,
देख इसकी दिव्य छवि बलिहार होती हर दिशा।
चंद्रमा के थाल में दीपक सितारों के सजा;
आरती रजनी उतारे झूमती गाती सदा॥
एक राखी आज मैंने भी बनाई वीर हे,
जो ममता और निर्मल स्नेह की लड़ी है।
और उसमें प्रीत की गैंठे लगाई प्यार से
भावना अनमोल की टांकी किरण के तार से॥

शुभ सबेरा यह जगाता सुप्त मन के प्यार को,
लाँघ सातों सिंधु वीर आते बहन के द्वार को।
क्रम युगों से प्रेम बन्धन का चलता यह आ रहा,
स्वर्ण-सा तप रूप इसका है निखरता आ रहा॥

भाल का कुंकुम तिलक लख कर लजाती है उषा,
देख इसकी दिया दिव्य बलिहार होती हर दिशा।
चन्द्रमा के थाल में दीपक सितारों के सजा;
आरती रजनी उतारे झूमती गाती सदा ॥

एक राखी आप मैंने भी बनाई वीर है,
जो ममता और निर्मल स्नेह की तस्वीर है।
डोर उसमें प्रीत की मैंने लगाई प्यार से;
भावना अमरत्व की टाँकी किरण के वार से ॥

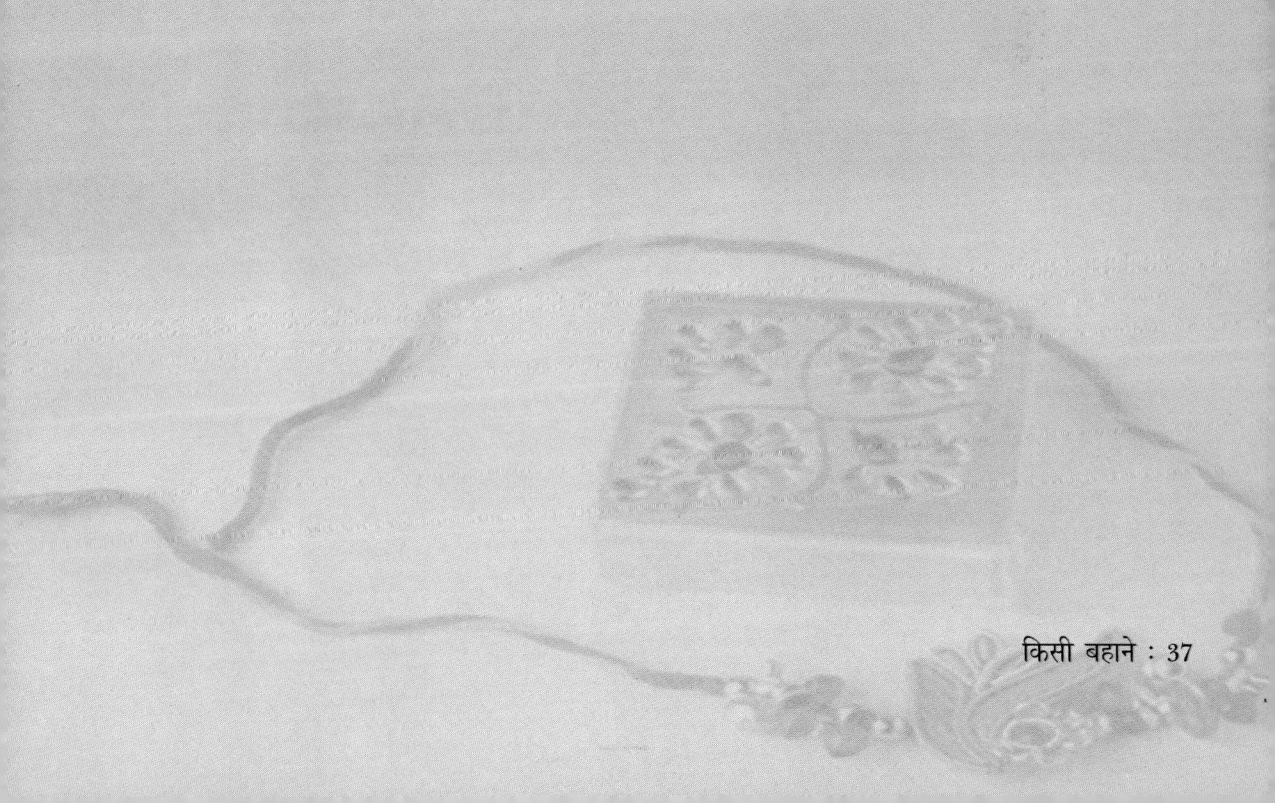

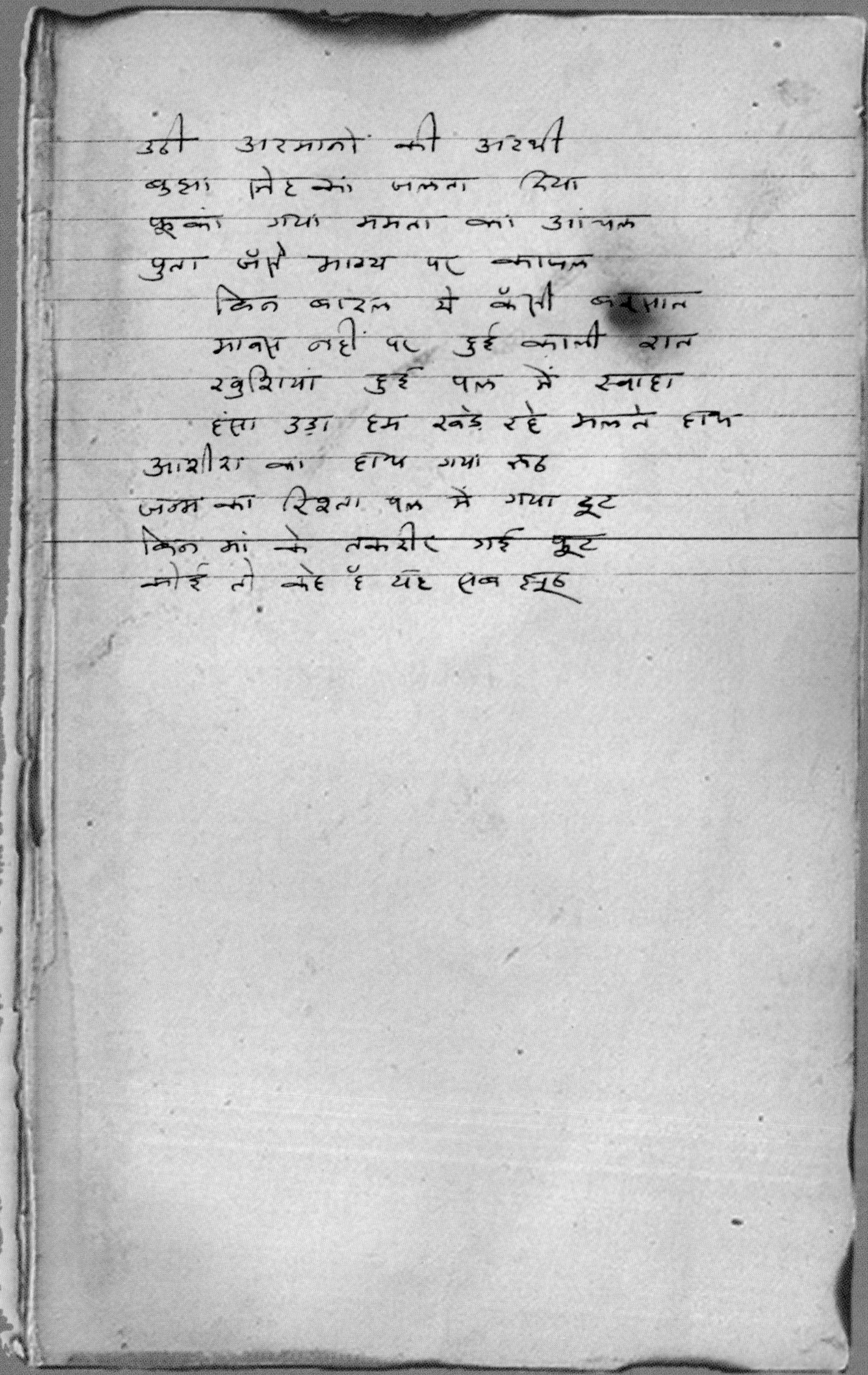
उठी अरमानों की अरथी
बुझा नेह का जलता दिया
फुंका गया ममता का आंचल
पुता जैसे भाग्य पर काजल
बिन बादल ये कैसी बरसात
मावस नहीं पर हुई काली रात
खुशियां हुई पल में स्वाहा
हंसा उड़ा हम खड़े रहे मलते हाथ
आशीश का हाथ गया रूठ
जन्म का रिश्ता पल में गया टूट
बिन मां के तकदीर गई फूट
कोई तो कह दे यह सब झूठ

काली रात

उठी अरमानों की अर्थी
बुझा स्नेह का जलता दिया
फूँका गया ममता का आँचल
पुता जैसे भाग्य पर काजल

किन बादल में कैसी बरसात
मावस नहीं पर हुई काली रात
खुशियाँ हुई पल में स्वाहा
हंसा उड़ा हम खड़े रहे मलते हाथ

आशीष का हाथ गया रूठ
जन्म का रिश्ता पल में गया टूट
बिन माँ के तकदीर गई छूट
कोई तो कहे है यह सब झूठ

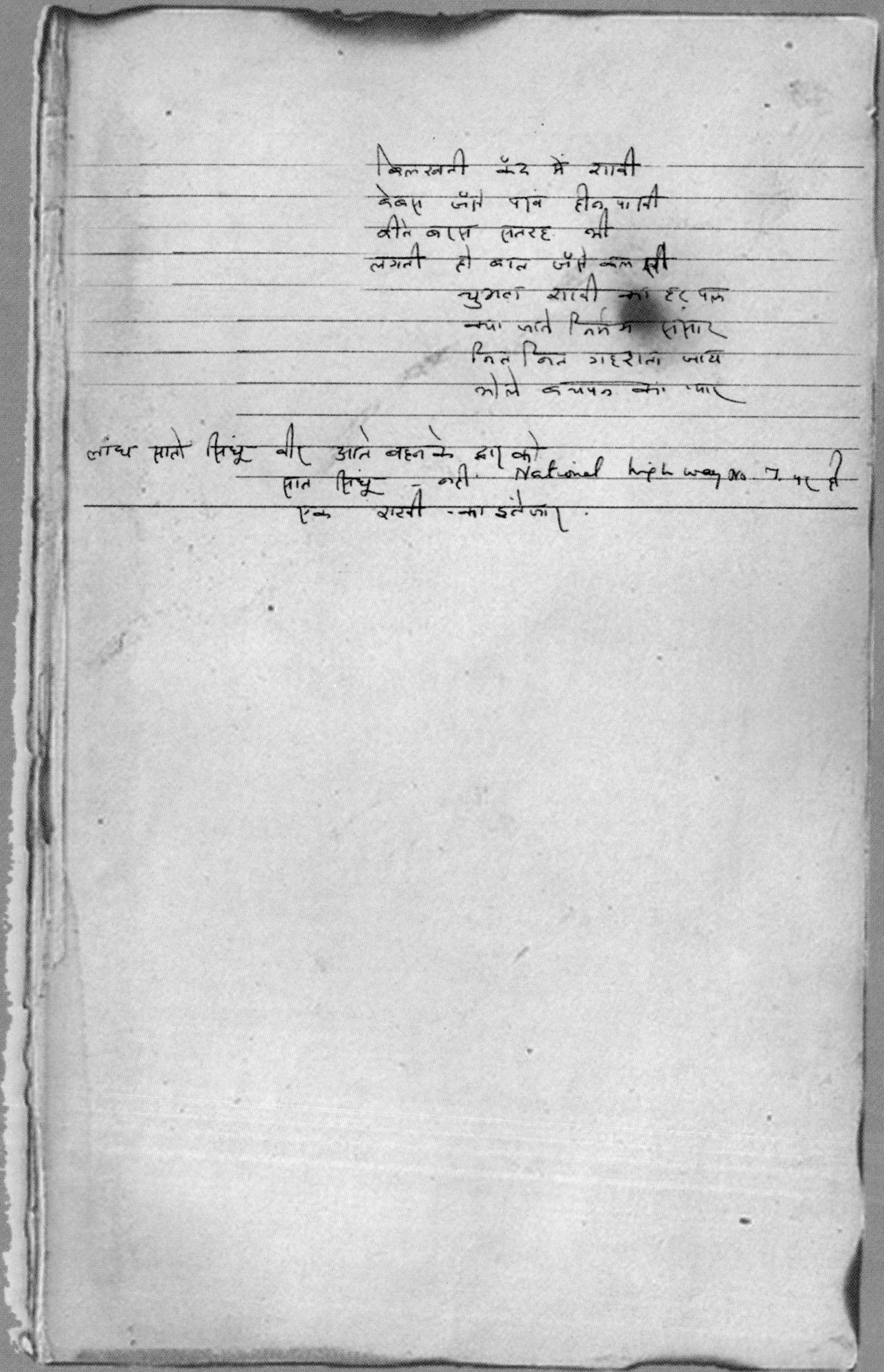

बिलखती बूँद में राखी
देखा जो पांव हीन पानी
बीत बरस तेरह भी
लगती हो कल जो कल ही
चुभता राखी का हर पल
क्या जाने निर्मम संसार
नित नित गहराता जाये
भोले बचपन का प्यार

लांघ सातों सिंधु वीर आते बहन के द्वार को
सात सिंधु - नहीं National high way no. 7 पर है
एक राखी का इंतजार।

भाई का इंतज़ार

बिलखती कैद में राखी
बेबस जैसे पंख हीन पाखी
बीते बरस सतरह भी
लगती हो बात जैसे कल सी

चुभता राखी का हर पल
क्या जाने निर्मम संसार
नित नित गहराता जाये
भोले बचपन का प्यार

शुभ सबेरा था जगाता सुप्त मन के प्यार को
लाँघ सातों सिंधु वीर आते बहन के द्वार को
सात सिंधु नहीं हाइवे नम्बर सात पर से
एक बहन का इंतेजार

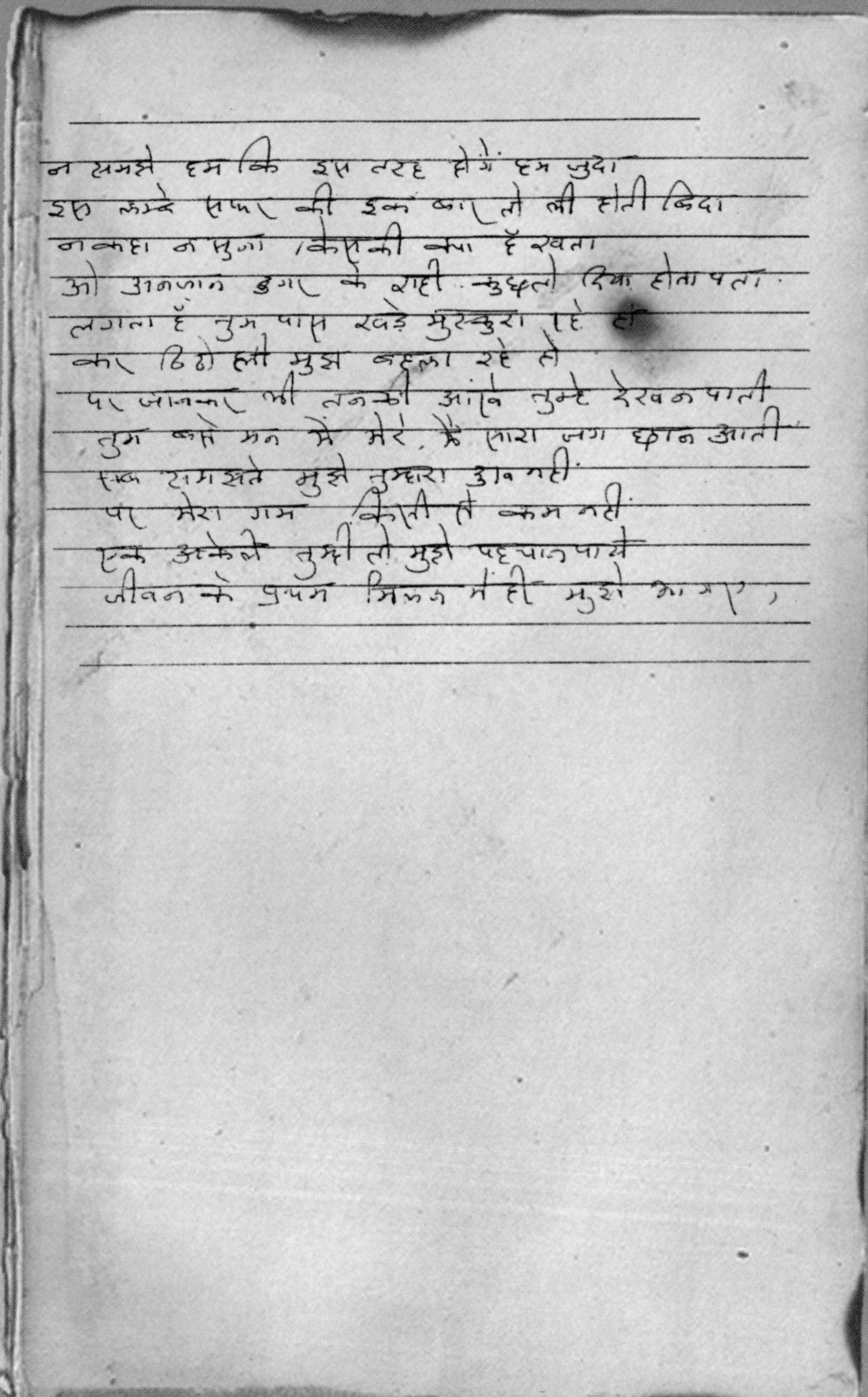
न समझे हम कि इस तरह होंगे हम जुदा।
इस लम्बे सफर की इक बार तो ली होती बिदा।
ना कहा न सुना। किसको क्या है खता।
ओ अनजान डगर के राही कुछ तो दिया होता पता।
लगता है तुम पास खड़े मुस्कुरा रहे हो
कर ठिठोली मुझे बहला रहे हो
पर जानकर भी तनको आंखे तुम्हे देख न पाती
तुम बसते मन में मेरे, मैं सारा जग छान आती
सब समझते मुझे तुम्हारा डर नहीं
पर मेरा गम किसी से कम नहीं
एक अकेले तुम्हीं तो मुझे पहचान पाये
जीवन के प्रथम मिलन में ही मुझे भा गए,

ठिठोली

न समझे हम कि इस तरह होंगे हम जुदा
इस लम्बे सफर की इक बार तो ले ली होती बिदा
न कहा न सुना, किस की क्या है खता
ओ अनजान डगर के राही कुछ तो दिया होता पता
लगता है तुम पास खड़े मुस्कुरा रहे हो
कर ठिठोली मुझे बहला रहे हो।
पर जानकर भी तन की आँखें, तुम्हें देख न पातीं
तुम बसे मन में मेरे, मैं सारा जग छान आती
एक समझते तुम्हारा दुख नहीं
पर मेरा गम किसी से कम नहीं
एक अकेले तुम्हीं तो मुझे पहचान पाये
जीवन के प्रथम मिलन में ही मुझे भा गये।

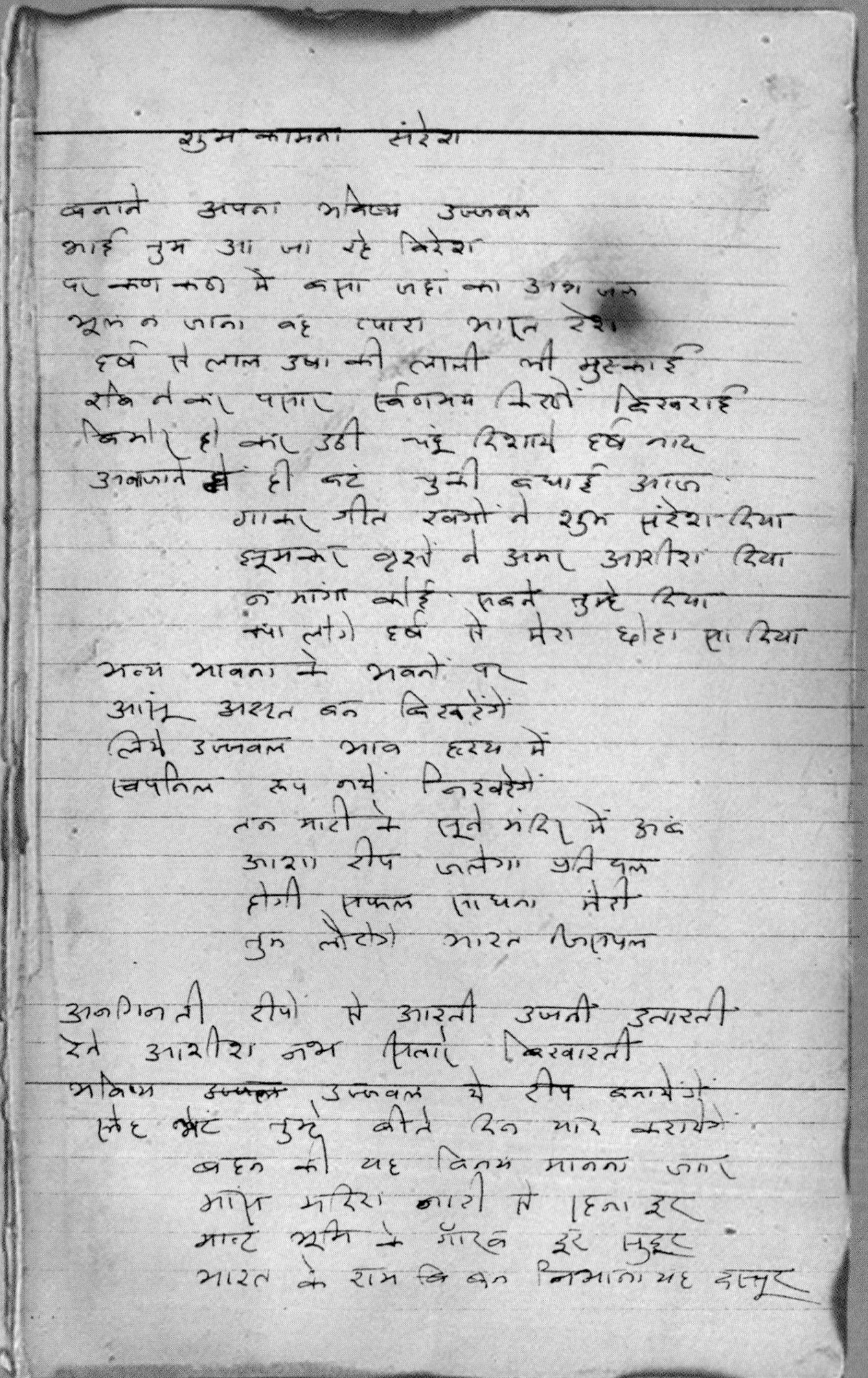
शुभ कामना संदेश

बनाने अपना भविष्य उज्जवल
भाई तुम आज जा रहे विदेश
पर कण कण में बसा जहां का अन्न जल
भूल न जाना वह प्यारा भारत देश
हर्ष से लाल उषा की लाली भी मुस्काई
रवि ने कर पसार स्वर्णिम किरणें बिखराई
बिखरा ही कर उठी चहुं दिशायें हर्ष नाद
अनजाने ही बट चुकी बधाई आज
गाकर गीत खगों ने शुभ संदेश दिया
झूमकर वृक्षों ने अमर आशीश दिया
न मांगा कोई सबने तुम्हे दिया
क्या लोगे हर्ष से मेरा छोटा सा दिया
भव्य भावना के भवनों पर
आंसू अक्षत बन बिखरेंगे
लिये उज्जवल भाव हृदय में
स्वप्निल रूप नये निरखेंगे
तन माटी के सूने मंदिर में अब
आशा दीप जलेगा प्रति पल
होगी सफल साधना मेरी
तुम लौटोगे भारत सफल

अनगिनती दीपों से आरती उजली उतारती
देते आशीश नभ सितारे बिखरती
भविष्य ~~उज्जवल~~ उज्जवल ये दीप बनायेंगे
स्नेह भेंट तुम्हें बीते दिन याद करायेंगे
बहन की यह विनय भावना उदार
भोग मदिरा नारी से रहना दूर
मातृ भूमि के गौरव दूर सुदूर
भारत के राम बन निभाना यह दस्तूर

देश विदेश

बनाने अपना भविष्य उज्ज्वल
भाई तुम आ जा रहे विदेश
पर कण-कण में बसा जहाँ का अन्न जल
भूल न जाना वह प्यारा भारत देश
हर्ष से लाल उषा की लाली भी मुस्कराई
रवि ने कर पसार स्वर्णमय किरणें बिखराईं
विभोर होकर उठीं चहुँ दिशाएँ हर्ष नाद
अनजाने में ही बँट चुकी बधाई आज
गाकर गीत खगों ने शुभ सन्देश दिया
झूमकर वृक्षों ने अमर आशीष दिया
न माँगा कोई सबने तुम्हें दिया
क्या लोगे हर्ष से मेरा छोटा-सा दिया
भव्य भावना के भावनों पर
आँसू अक्षत बन बिखरेंगे
लिये उज्ज्वल भाव हृदय में
स्वप्निल रूप गये निखरेंगे
तन माटी के सूने मन्दिर में अब
आशा दीप जलेगा प्रतिपल
होगी सफल साधना मेरी
तुम लौटोगे भारत जिस पल
अनगिनती दीपों से आरती उजनी उतारती
देते आशीष नभ सितारे बिखारती
भविष्य उज्ज्वल ये दीप बनायेंगे
स्नेह भेंट तुम्हें बीते दिन याद करायेंगे।
बहन की यह विनय मानना जरूर
मांस मदिरा नारी से रहना दूर
मातृभूमि के गौरव दूर सुदूर
भारत के राम बन निभाना यह दस्तूर

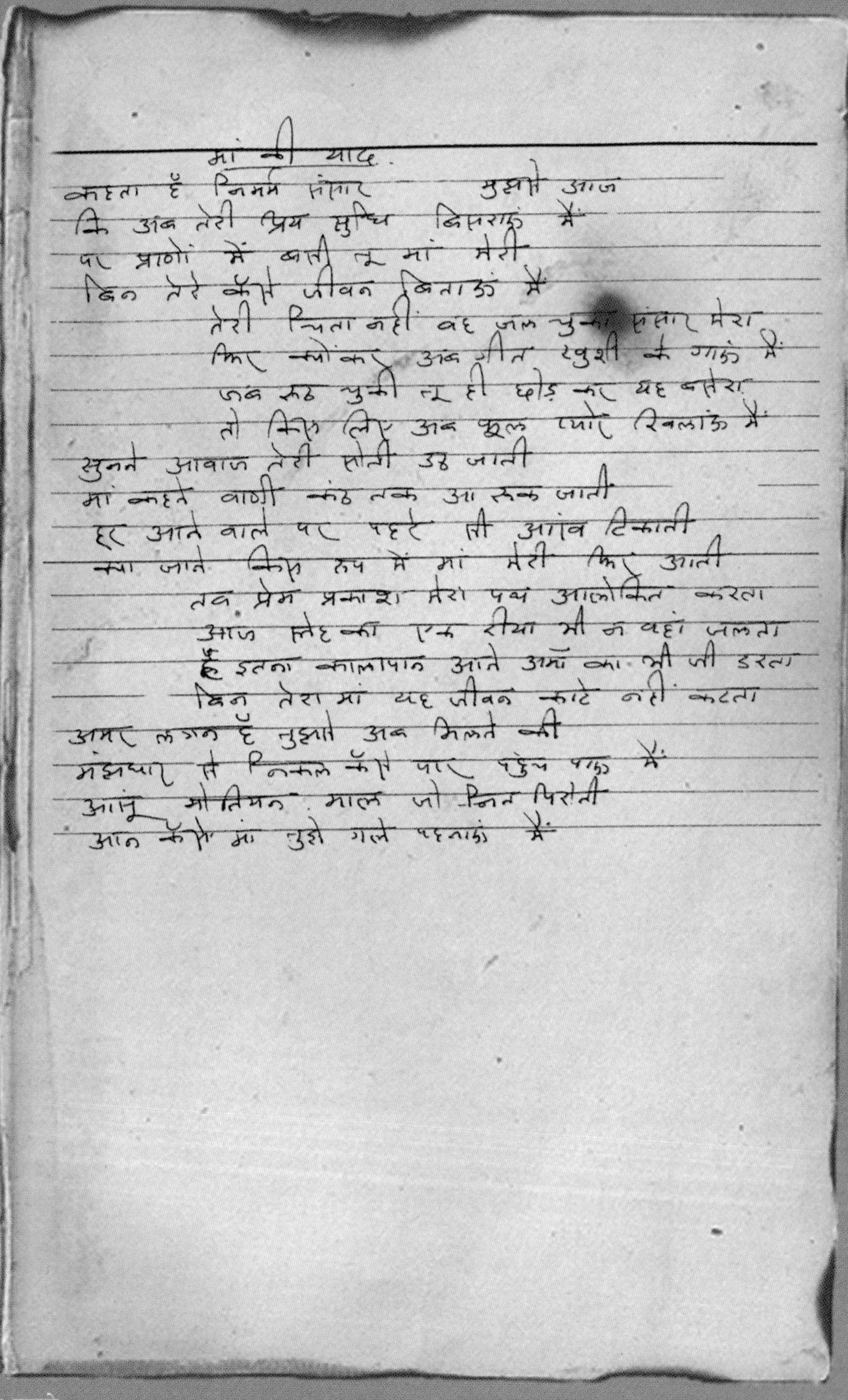
मां की याद
कहता है निर्मम संसार मुझसे आज
कि अब तेरी प्रिय सुधि बिसराऊं मैं
पर प्राणों में बसती तू मां मेरी
बिन तेरे कैसे जीवन बिताऊं मैं
तेरी चिता नहीं वह जल चुका संसार मेरा
फिर क्योंकर अब गीत खुशी के गाऊं मैं
जब रूठ चुकी तू ही छोड़ कर यह बसेरा
तो किस लिए अब फूल प्यार खिलाऊं मैं
सुनने आवाज तेरी सोती उठ जाती
मां कहते वाणी कंठ तक आ रुक जाती
हर आने वाले पर पहरे सी आंख टिकाती
क्या जाने किस रूप में मां मेरी फिर आती
तब प्रेम प्रकाश तेरा पथ आलोकित करता
आज स्नेह का एक दीया भी न वहां जलता
है इतना कालापन आते अमाँ का भी जी डरता
बिन तेरा मां यह जीवन काटे नहीं कटता
अमर लगन है तुझसे अब मिलने की
मंझधार से निकल कैसे पार पहुंच पाऊं मैं
आंसू मोतियन माल जो नित पिरोती
आन कैसे मां तुझे गले पहनाऊं मैं

अम्माँ

कहता है निर्मम संसार मुझसे आज
कि अब तेरी प्रिय सुधि बिसराऊँ मैं
पर प्राणों में बसी तू माँ मेरी
बिन तेरे कैसे जीवन बिताऊँ

तेरी चिन्ता नहीं अब जल चुका संसार मेरा
फिर क्योंकर अब गीत खुशी के गाऊँ मैं
जब रूठ चुकी तू ही छोड़ कर यह बसेरा
तो किसलिए अब फूल प्यारे खिलाऊँ

सुनने आवाज तेरी सोती उठ जाती
माँ कहने वाणी कण्ठ तक आ रुक जाती
हर आने वाले पर पहरे सी आंख टिकाती
क्या जाने किस रूप में माँ तेरी फिर आती

तब प्रेम प्रकाश मेरा पथ आलोकित करता
आज स्नेह का एक दीया भी न वहाँ जलता
है इतना कालापन आते अमा का भी जी डरता
बिनु तेरा माँ यह जीवन काटे नहीं कटता

अमर लगन है तुझसे अब मिलने की
मँझधार से निकल कैसे पार पहुँच गया मैं
आँसू गोतियन माल जो नित पिरोती
आज कैसे माँ तुझे गले पहनाऊँ मैं

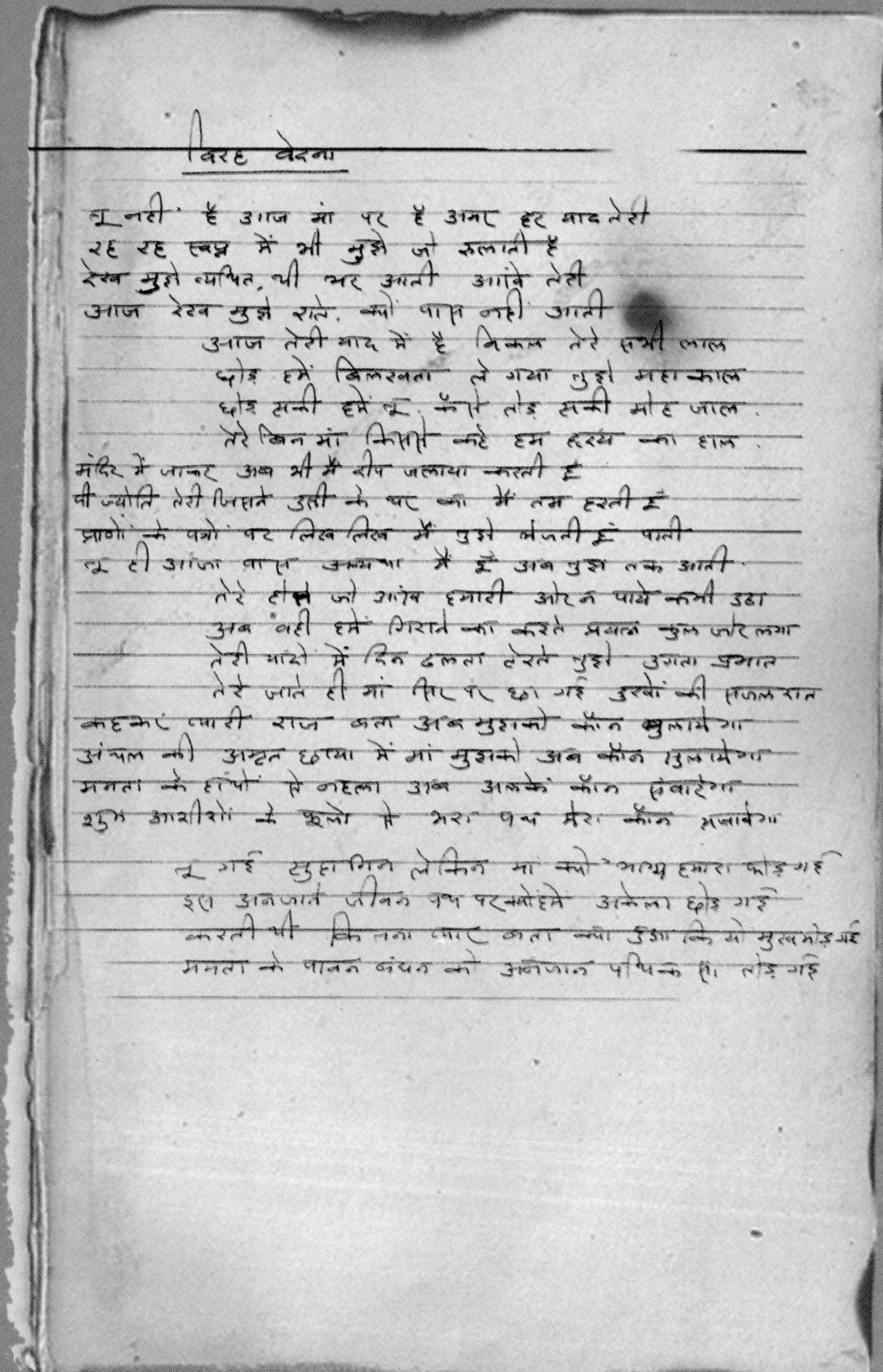

विरह वेदना

तू नहीं है आज मां पर है अमर हर याद तेरी
रह रह स्वप्न में भी मुझे जो रुलाती है
देख मुझे व्यथित, थी भर आती आंखें तेरी
आज देख मुझे रोते, क्यों पास नहीं आती

आज तेरी याद में है विकल तेरे सभी लाल
छोड़ हमें बिलखता ले गया तुझे महाकाल
छोड़ सकी हमें तू, कैसे तोड़ सकी मोह जाल.
तेरे बिन मां किससे कहें हम हृदय का हाल.

मंदिर में जाकर अब भी मैं दीप जलाया करती हूं
वो ज्योति तेरी जिसने उसी के घर का मैं तम हरती हूं
प्राणों के पत्रों पर लिख लिख मैं तुझे भेजती हूं पाती
तू ही आजा पास अन्यथा मैं हूं अब तुझ तक आती.

तेरे होते जो आंख हमारी ओर न पाये कभी उठा
अब वही हमें गिराने का करते प्रयत्न पुरजोर लगा
तेरी बांहों में दिन ढलता हंसते मुझे उगता प्रभात
तेरे जाते ही मां सिर पर छा गई दुखों की सजल रात

कहकर प्यारी राज कला अब मुझको कौन बुलायेगा।
आंचल की अमृत छाया में मां मुझको अब कौन सुलायेगा।
ममता के हाथों से नहला अब अलकें कौन संवारेगा।
शुभ आशीषों के फूलों से भरा पथ मेरा कौन सजायेगा।

तू गई सुहागिन लेकिन मां क्यों भाग्य हमारा फोड़ गई
इस अनजाने जीवन पथ पर क्यों हमें अकेला छोड़ गई
करती थी कितना प्यार कला क्यों उससे भी मुख मोड़ गई
ममता के पावन बंधन को अनजान पथिक सी तोड़ गई

माँ की याद

तू नहीं है आज माँ पर है अमर हट याद तेरी
रह रह स्वप्न में भी मुझे जो रुलाती है
देख मुझे व्यथित, थी भर आतीं आँखें तेरी
आज देख मुझे रातें क्यों पास नहीं आती।

आज तेरी याद में है विकल तेरे सभी लाल
छोड़ हमें बिलखता ले गया तुझे महाकाल
छोड़ सकी हमें तू, कैसे तोड़ सकी मोह जाल
तेरे बिना माँ किससे कहें हम हृदय का हाल

मन्दिर में जाकर अब भी मैं दीप जलाया करती हूँ
पी ज्योति तेरी जिसने उसी के घर का मैं तम हरती हूँ
प्राणों के पत्रों पर लिख लिख मैं तुझे भेजती हूँ पाती
तू ही आजा पास अन्यथा मैं हूँ अब तुझ तक आती

तेरे होते जो आँख हमारी ओर न पाये कभी उठा
अब वहीं हमें गिराने का करते प्रयत्न कुल जोर लगा
तेरी यादों में दिन ढलता हेरते तुझे उगता प्रभात

तेरे जाते ही माँ सिर पर छा गई दुखों की सजल रात
कह कर प्यारी राज बता अंक मुझको कौन बुलायेगा
अंचल की अमृत छाया में माँ मुझको अब कौन सुलायेगा
ममता के हाथों से नहला अब अलकें कौन सँवारेगा
शुभ आशीषों के फूलों से भर पथ मेरा कौन सजायेगा

तू गई सुहागिन लेकिन माँ क्यों भाग्य हमारा फोड़ गई
इस अनजाने जीवन पथ पर क्यों हमें अकेला छोड़ गई
करती थी कितना प्यार बता क्या हुआ कि यों मुख मोड़ गई
ममता के पावन बन्धन को अनजान पथिक-सा तोड़ गई

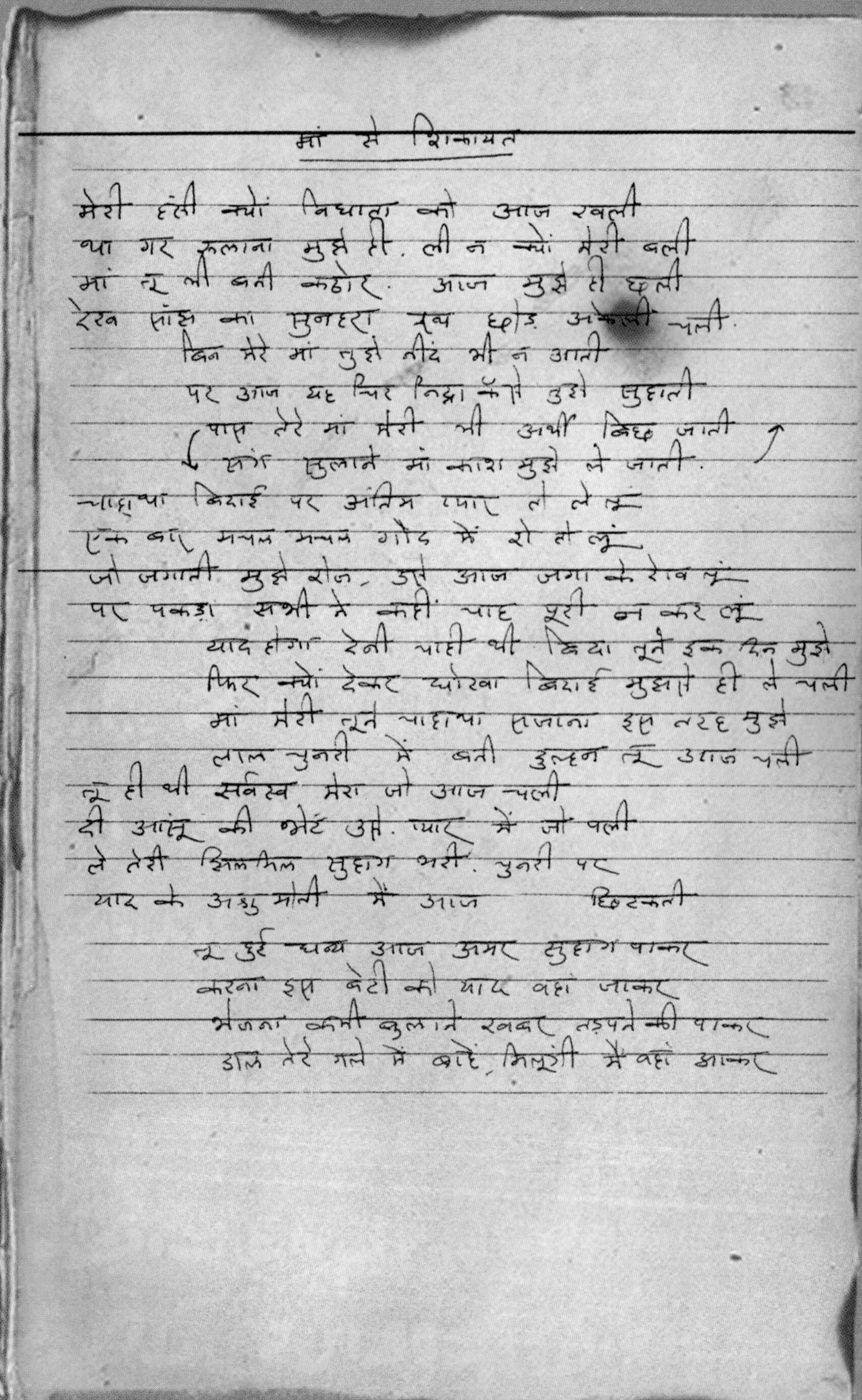

मां से शिकायत

मेरी हंसी क्यों विधाता को आज खली
था गर रुलाना मुझे ही, ली न क्यों मेरी बली
मां तू भी बनी कठोर. आज मुझे ही छली
देख सांझ का सुनहरा रूप छोड़ अकेली चली.
बिन मेरे मां तुझे नींद भी न आती
पर आज यह चिर निद्रा कैसे तुझे सुहाती
पास तेरे मां मेरी भी अर्थी बिछ जाती
संग सुलाने मां काश मुझे ले जाती.
चाहा था बिदाई पर अंतिम प्यार तो ले लूं
एक बार मचल मचल गोद में रो तो लूं
जो जगाती मुझे रोज, उसे आज जगा के देख लूं
पर पकड़ा सभी ने कहीं चाह पूरी न कर लूं
याद होगा देनी चाही थी बिदा तूने इक दिन मुझे
फिर क्यों देकर धोखा बिदाई मुझसे ही ले चली
मां मेरी तूने चाहा था सजाना इस तरह मुझे
लाल चुनरी में बनी दुल्हन तू आज चली
तू ही थी सर्वस्व मेरा जो आज चली
दी आंसू की भेंट उस. प्यार में जो पली
ले तेरी झिलमिल सुहाग भरी. चुनरी पर
प्यार के अश्रु मोती मैं आज छिटकती
तू हुई धन्य आज अमर सुहाग पाकर
करना इस बेटी को याद वहां जाकर
भेजना कभी बुलाने खबर तड़पने की पाकर
डाल तेरे गले में बाहें, मिलूंगी मैं वहां आकर

अन्तिम विदाई

मेरी हँसी क्यों विधाता को आज खली
था गर रुलाना मुझे ही ले न क्यों मेरी बली
माँ तू भी बनी कठोर आज मुझे ही छली
देख साँझ का सुनहरा रथ छोड़ अकेली चली

बिन मेरे माँ तुझे नींद भी न आती
पर आज यह चिर निद्रा कैसे तुझे सुहाती
संग सुलाने माँ काश गुझे ले जाती
पास तेरे माँ मेरी भी अर्थी बिछ जाती

चाहा था विदाई पर अन्तिम प्यार ले ले तू
एक बार मचल मचल गोद में रो तो लूँ
जो जगाती मुझे रोज, उसे आज जगा के देख लूँ
पर पकड़ा सभी ने कहीं चाह पूरी न कर लूँ

याद होगा देनी चाही थी विदा तूने इक दिन मुझे
फिर क्यों देकर धोखा विदाई मुझसे ही ले चली
माँ मेरी तूने चाहा था सजाना इस तरह मुझे
लाल चुनरी में बनी दुल्हन तू आज चली

तू ही थी सर्वस्व मेरा जो आज चली
दी आँसू की भेंट उसे प्यार में जो पली
ले तेरी झिलमिल सुहाग भरी चुनरी पर
मार के अश्रु मोती मैं आज छिटकती

तू हुई धन्य आज अमर सुहाग पाकर
करना इस बेटी को याद वहाँ जाकर
भेजना कभी बुलाने खबर तड़पने की पाकर
डाल तेरे गले में बाहें, मिलूँगी मैं वहा आकर

भोगकर चौदह बरस का बनवास
राम ने भी पाया था अपना अधिकार

बनवास

भोगकर चौदह बरस का बनवास
राम ने भी पाया था अपना अधिकार
बीता पाण्डवों सा अज्ञातवास भी
आज षोडशी हुई राखी मेरी उदासी

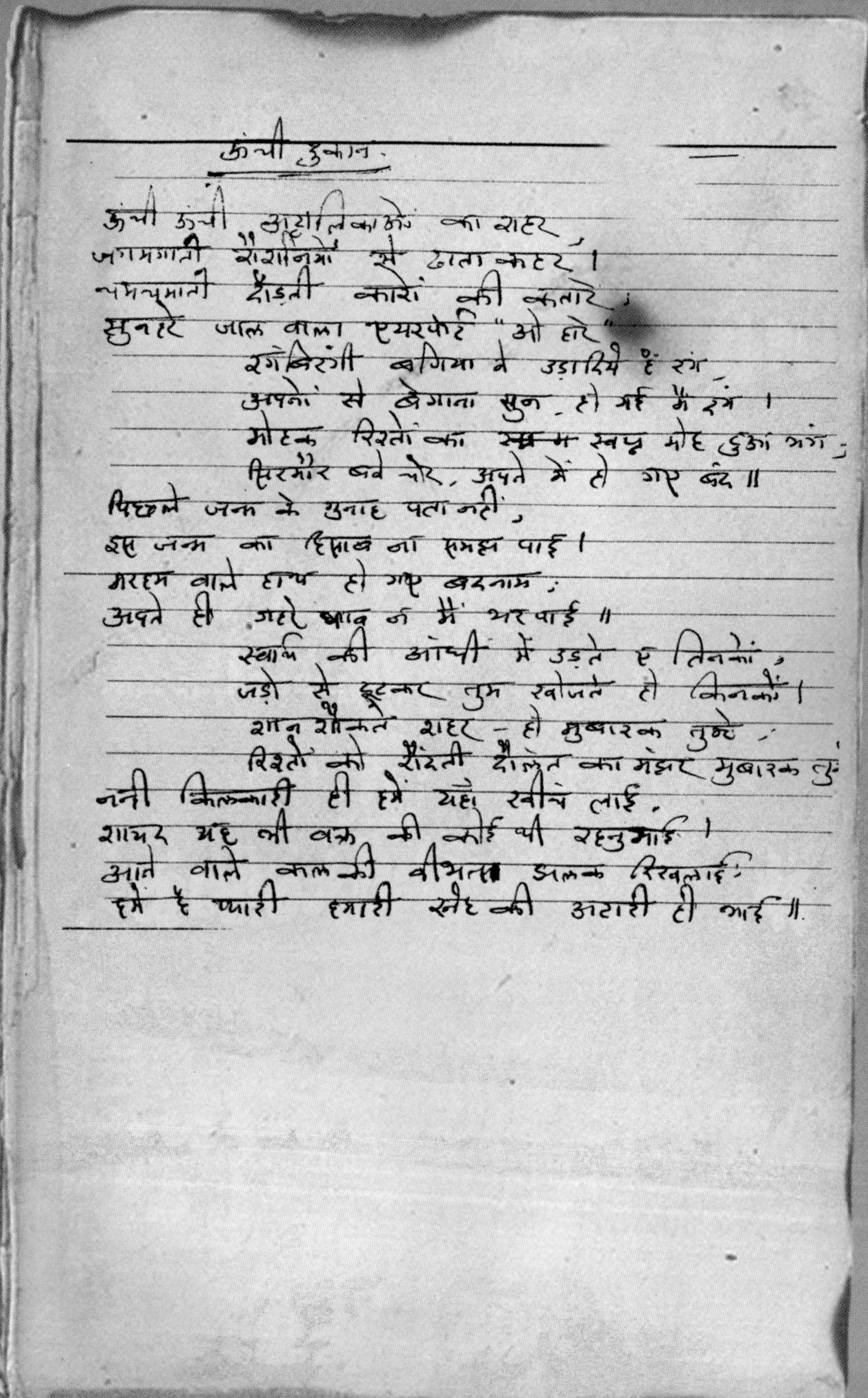
ऊंची दुकान

ऊंची ऊंची अट्टालिकाओं का शहर,
जगमगाती रोशनियों से ढाता कहर।
चमचमाती दौड़ती कारों की कतारें;
सुनहरे जाल वाला एयरपोर्ट "ओ हारे"
रंगबिरंगी बगिया ने उड़ा दिये हैं रंग,
अपनों से बेगाना सुन, हो गई मैं दंग।
मोहक रिश्तों का स्वप्न मोह हुआ भंग;
सिरमौर बने चोर, अपने में हो गए बंद॥
पिछले जन्म के गुनाह पता नहीं,
इस जन्म का हिसाब ना समझ पाई।
मरहम वाले हाथ हो गए बदनाम;
अपने ही गहरे घाव न मैं भर पाई॥
स्वार्थ की आंधी में उड़ते ए तिनकों,
जड़ों से छूटकर तुम खोजते हो किनको।
शानो शौकत शहर - हो मुबारक तुम्हें;
रिश्तों को रौंदती दौलत का मंज़र मुबारक तुम्हें
नन्ही किलकारी ही हमें यहां खींच लाई,
शायद यह भी वक्त की कोई भी रहनुमाई।
आने वाले कल की वीभत्स झलक दिखलाई;
हमें है प्यारी हमारी स्नेह की अटारी ही भाई॥

दौलत का मंज़र

ऊँची दुकान अट्टालिकाओं का शहर,
जगमगाती रौशनियों से ढाता कहर।
चमचमाती दौड़ती कारों की कतारें;
सुनहरे जाल वाला एयरपोर्ट 'ओ हारे'

रंग-बिरंगी बगिया ने उड़ा दिये हैं रंग,
अपनों से बेगाना सुन, हो गई मैं दंग।
मोहक रिश्तों का स्वप्न मोह हुआ भंग;
सिरमौर बने चोर, अपने में हो गए बन्द ॥

पिछले जन्म के गुनाह पता नहीं,
इस जन्म का हिसाब ना समझ पाई।
मरहम वाले हाथ हो गये बदनाम;
अपने ही गहरे घाव को न मैं भर पाई ॥

स्वार्थ की आंधी में उड़ते ए तिनकों,
जड़ों से छूटकर तुम खोजते हो किनको।
शान शौकतें शहर हो मुबारक तुम्हें,
रिश्तों को रौंदती दौलत का मंज़र मुबारक तुम्हें ॥

नन्ही किलकारी ही हमें यहाँ खींच लाई,
शायद यह भी वक्त की कोई बीभत्स झलक दिखलाई।
आने वाले कल की बीभत्स झलक दिखलाई;
हमें है प्यारी हमारी स्नेह की अटारी ही भाई ॥

परलोक का लेखा किसने देखा.
जीकर जो देखा है भोगा है
शायद नरक की पीड़ा भी
उससे कहीं कम है ।
हमें छोटा करके
न इतराओ अपनी चतुराई पर
ए नादानों
वक्त आएगा जब समझोगे अगर अब न मानो
आदर तो दूर सपनों की बात
क्या भूल गए बड़ों का लिहाज
और छोटों को प्यार
या फिर सीखा ही नहीं कहीं
या जाना ही नहीं कभी
हमारी सारी पूंजी ये बच्चे जो दिए हमने तुम्हें
हमारी सारी खुशियां की न्योछावर तुम्हें
हमें खुशी प्यार के दो रोटी खाने की आस थी तुमसे
जीने को कुछ और सांसों की तलाश थी हमें
कहां अंधी ममता के लालच में आ गए हम
ना सोचा ना जाना बस मुंह की खा गए हम
हम तो बेमौत समझते ही आए. बस गुजर जाएंगे बीते पलों संग
ना गिला तुमसे ना शिकवा जमाने से

किसी बहाने

परलोक का लेखा किसने देखा
जी कर जो देखा है भोगा है
शायद नरक की पीड़ा भी
उससे कहीं कम है
हमें छोटा करके
न इतराओ अपनी चतुराई पर
ए नादानो!

वक्त आएगा जब समझेंगे अगर अब न मानो
आदर तो दूर सपनों की बात
क्या भूल गये बड़ों का लिहाज
और छोटों को प्यार
या फिर सीखा ही नहीं कहीं

या जाना ही नहीं कभी
हमारी सारी पूँजी में बच्चे जो दिये हमने तुम्हें
हमारी सारी खुशियाँ की न्यौछावर तुम पर
हंसीं खुशी प्यार से दो रोटी खाने की आस ही थी
बस अंधी ममता के लालच में आ गये हम
ना सोचा ना जाना बस मुँह की खा गये हम

हम तो बे मौसम से ही आये, बस गुजर
जायेंगे बीते पलों जैसे
ना गिला तुमसे ना शिकवा जमाने से
समझ लिया तुम्हें किसी बहाने से
है आखिरी इल्तिजा हमारी
जननी जन्मभूमि सदा रही प्यारी
नैन बिछाए, बाँह पसारे, तकेंगी राह तुम्हारी
बसेरा रहे यही-यही कर्मभूमि तुम्हारी

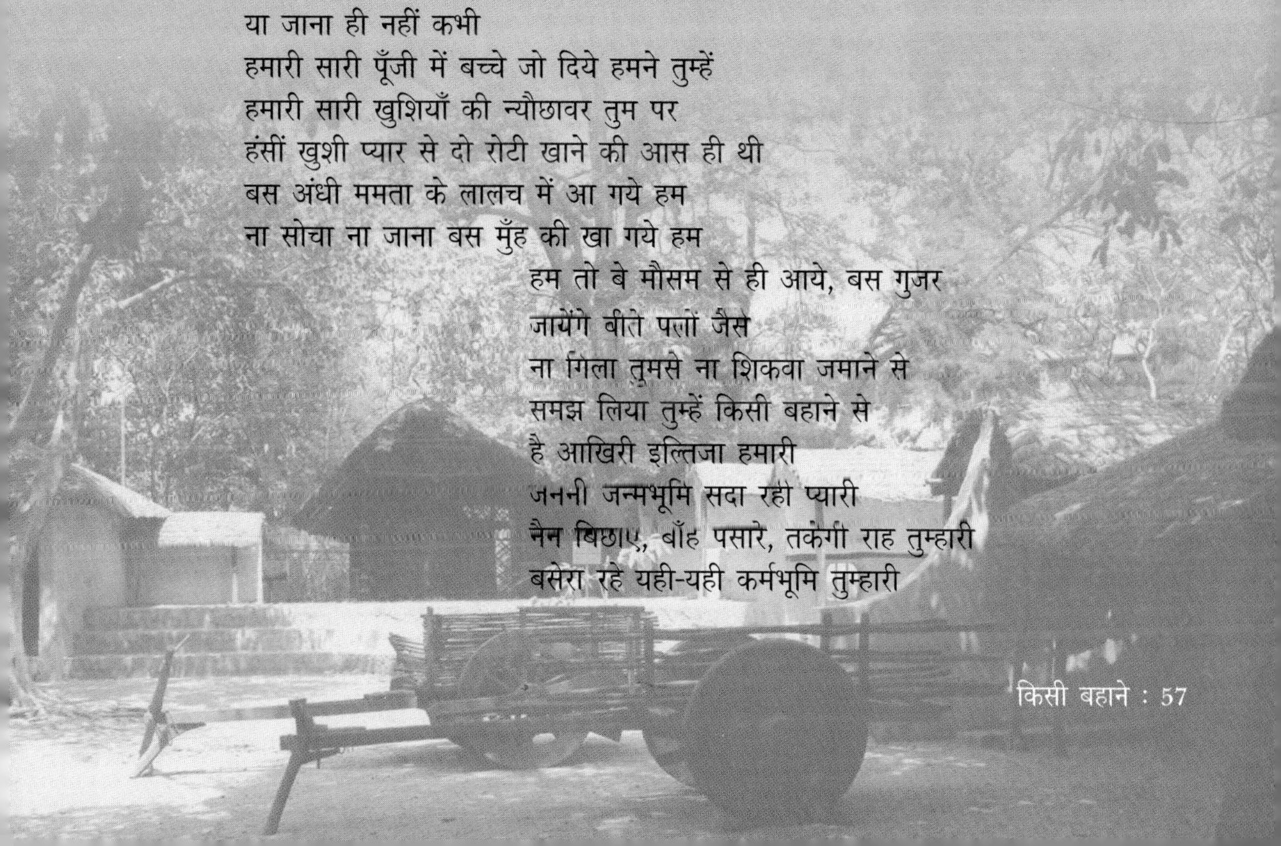

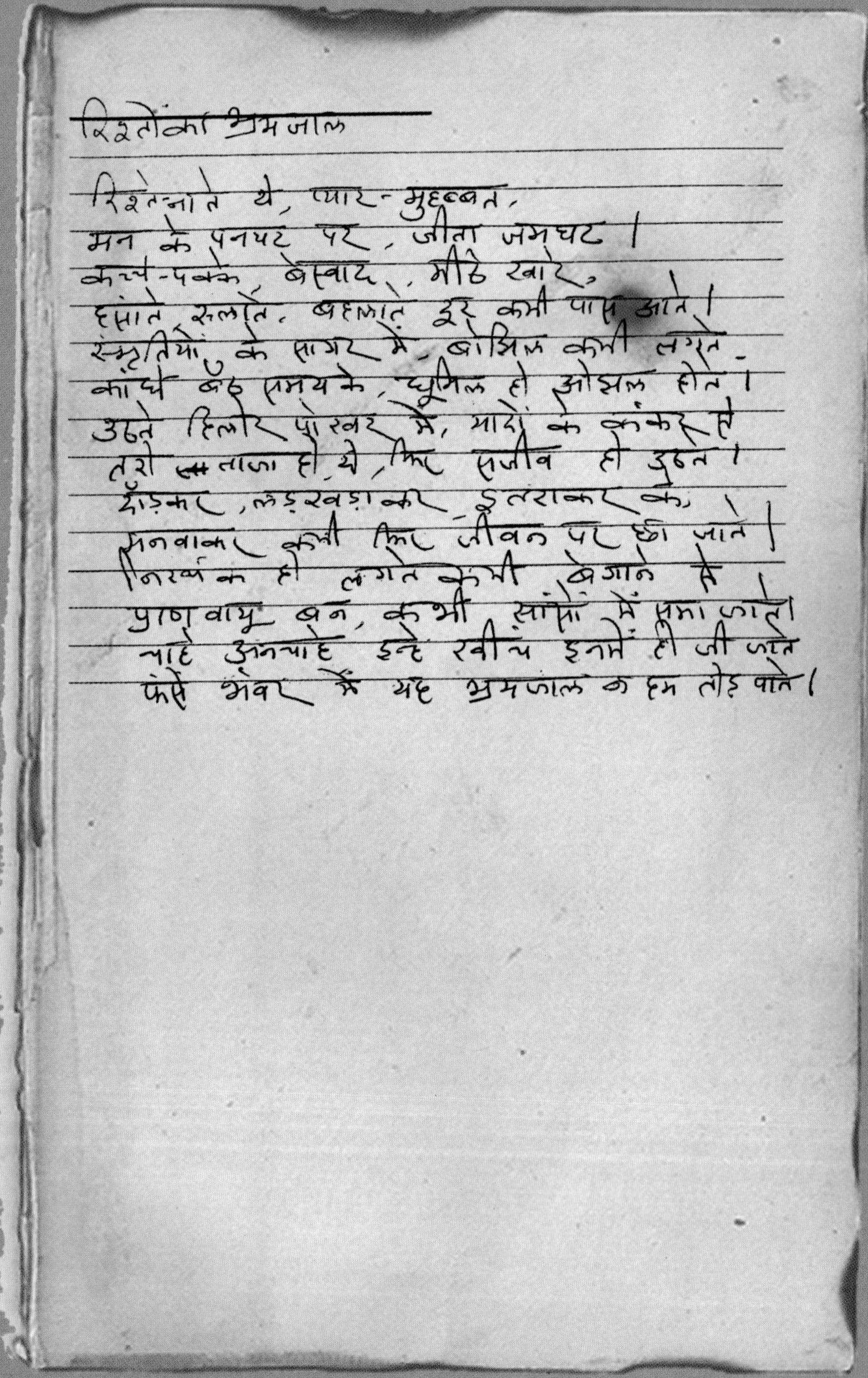

रिश्तों का भ्रमजाल

रिश्ते-नाते थे, प्यार-मुहब्बत,
मन के पनघट पर, जीता जमघट।
कच्चे-पक्के, बेस्वाद, मीठे खारे,
हंसाते रुलाते, बहलाते दूर कभी पास आते।
स्मृतियों के सागर में, बोझिल कभी लगते,
कांधे बैठ समय के, धूमिल हो ओझल होते।
उठते हिलोर पोखर में, यादों के कंकर से
तरोताजा हो थे, फिर सजीव हो उठते।
दौड़कर, लड़खड़ाकर, इतराकर के,
सनवाकर कभी फिर जीवन पर छा जाते।
निरर्थक ही लगते कभी बेगाने से
प्राणवायु बन, कभी साँसों में समा जाते।
चाहे अनचाहे इन्हें खींच इनमें ही जी जाते
फंसे भंवर में यह भ्रमजाल न हम तोड़ पाते।

रिश्ते

रिश्ते नाते थे प्यार-मुहब्बत
मन के पनघट पर, जीता जमघट।
कच्चे-पक्के, बेस्वाद, मीठे-खारे,
हँसाते, रुलाते, बहलाते दूर कभी पास आते।
स्मृतियों के सागर में, बोझिल कभी लगते,
कांधे बैठ समय के, धूमिल हो ओझल होते।
उठते हिलोर पोखर में, यादों के कंकर से
तरो ताजा हो ये, फिर सजीव हो उठते।
दौड़कर लड़खड़ा कर इतरा कर,
मनवाकर कभी फिर जीवन पर छा जाते।
निरर्थक हो लगते कभी बेगाने से
प्राणवायु बन, कभी साँसों में समा जाते।
चाहे अनचाहे, उन्हें खींच इनमें ही जी जाते,
फँसे भवर में यह भ्रमजाल हम तोड़ पाते।

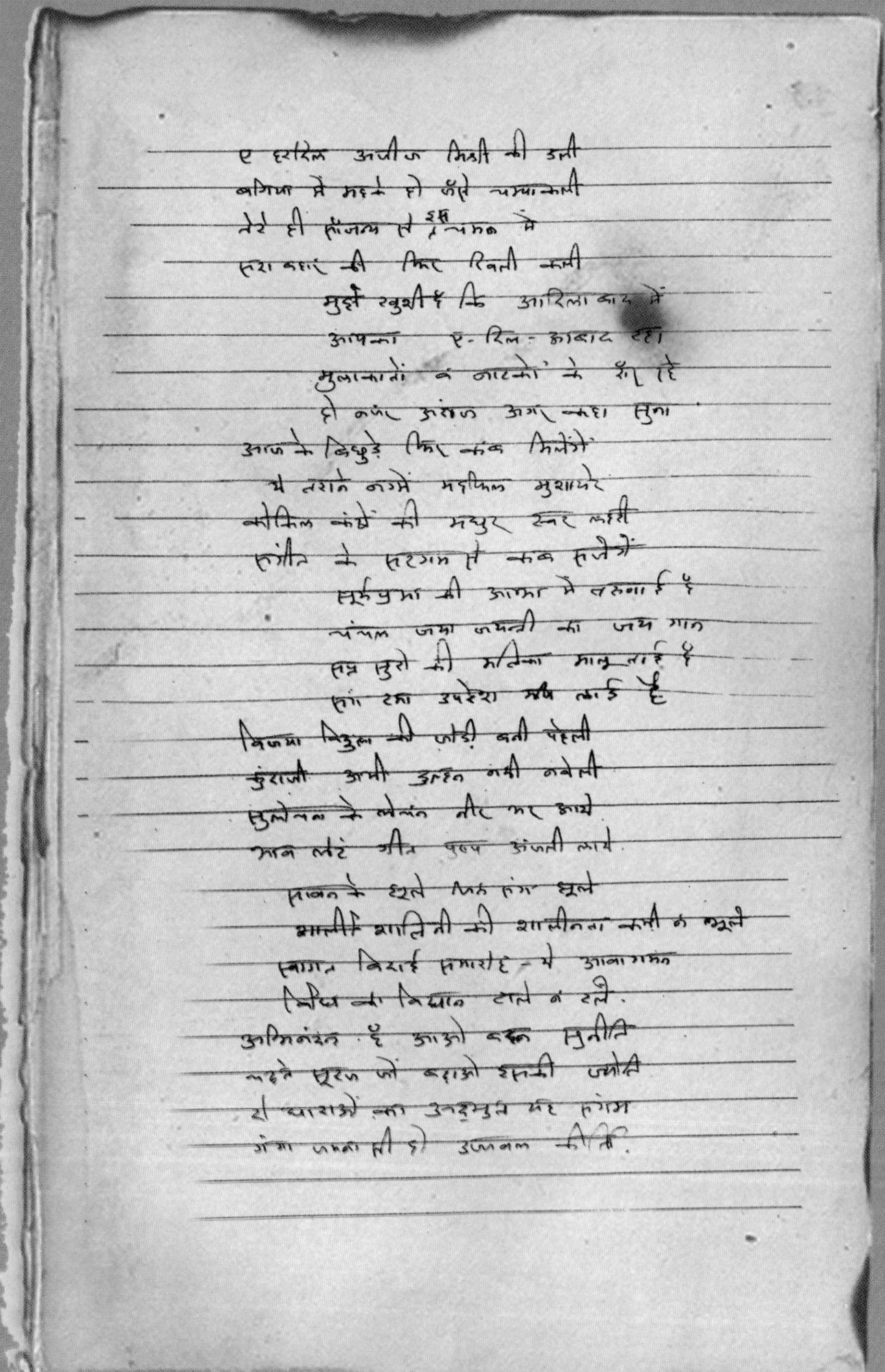

ए दरदिल अजीज मिश्री की डली
बगिया में महके हो जैसे चम्पाकली
तेरे ही सौजन्य से इस चमन में
सदा बहार की फिर खिली कली
मुझे खुशी है कि आदिलाबाद में
आपका ए-दिल-आबाद रहा
मुलाकातों व नाटकों के दौर रहे
हो कभी अंदाज अगर कहा सुना
आज के बिछुड़े फिर कब मिलेंगे
ये तराने नगमें महफिल मुशायरे
कोकिल कंठों की मधुर स्वर लहरी
संगीत के सरगम से कब सजेंगे
सूर्यप्रभा की आभा में तरुणाई है
चंचल जया जयन्ती का जय गान
सप्त सुरों की मल्लिका मालू ताई है
सां रमा उपदेश सब लाई है
विजया विपुल की जोड़ी बनी पहेली
कुंराजी आभी अरुण नयी नवेली
सुलोचना के लोचन नीर भर आये
माल लाएं गीत पुष्प अंजली लाये
सावन के झूले किन संग झूले
मालती शालिनी की शालीनता कभी न भूले
स्वागत बिदाई समारोह-ये आवागमन
विधि का विधान टाले न टले।
अभिनंदन है आओ नमन सुनीति
चढ़ते सूरज को बढ़ाओ इसकी ज्योति
दो धाराओं का अद्भुत यह संगम
गंगा जमना सी हो उज्ज्वल कीर्ति।

लहरें उर्फ सखियाँ

ए हर दिल अजीज मिश्री की डली
बगिया में महके हो जैसे चंपाकली
तेरे ही सौजन्य से इस चमन से
सदा बाहर की फिर खिली कली

मुझे ख़ुशी है कि एक दिल-ए-आबरू
आपका ये दिल-आबाद रहा
मुलाकातों व नाटकों के दौर रहे
कहकहों के दरिया में हम सब बह रहे

आज के बिछुड़े फिर कब मिलेंगे
ये तराने, नग्में, महफिलें, खुशामदें
कोकिल कण्ठों की मधुर स्वर लहरी
संगीत के सरगम से कब सजेंगे

सूर्य प्रभा की आभा की तरुणाई है
चंचल जया जयन्ती का जयगान
सप्त सुरों की मलिका मालूताई है
संग रमा उपदेश मणि लाई है

विजया विदुला की जोड़ी बनी पहेली
कुंदाजी अभी दुल्हन नई नवेली
सुलोचना के लोचन नीर भर आये
भाव भेंट गीत पुष्प अंजली लाये

सावन के झूले जिन संग झूले
शालिनी की शालीनता कभी न भूले
स्वागत विदाई समारोह से आवागमन
विधि का विधान टाले न टले

अभिनन्दन है आओ बहन सुनीति
चढ़ते सूरज ज्यों बढ़ाओ इसकी ज्योति
दो धाराओं का अद्‌भुत यह संगम।
गंगा जमना-सी हो अथवा कीर्ति

इस संसार सागर में गृहस्थी की नैया
का खेवना गौरव बनके साथी खेवैया
आत्म विश्वास धैर्य व प्रेम का परचम ले
रहा बन सतत प्रेरणा तुम विपिन की

प्रेरणा ?

इस संसार सागर में गृहस्थी की नैया
को बढ़ाना बन के साथी खिवैया
आत्म विश्वास धीरज व प्रेम का परचम ले
रहो बन सतत प्रेरणा तुम विपिन की

प्राणवायु

मैं अशोक वाटिका की कुसुम कली
छुई मुई कोमल नाजुक भोली-सी
ये रूठन, बेरुखी की तपन सनम
झुलसा देगी मेरे मन का उपवन
मन्द मन्द मुस्कान से प्यार की छुअन
प्राणवायु बन, प्रियतम महका देगी जीवन।

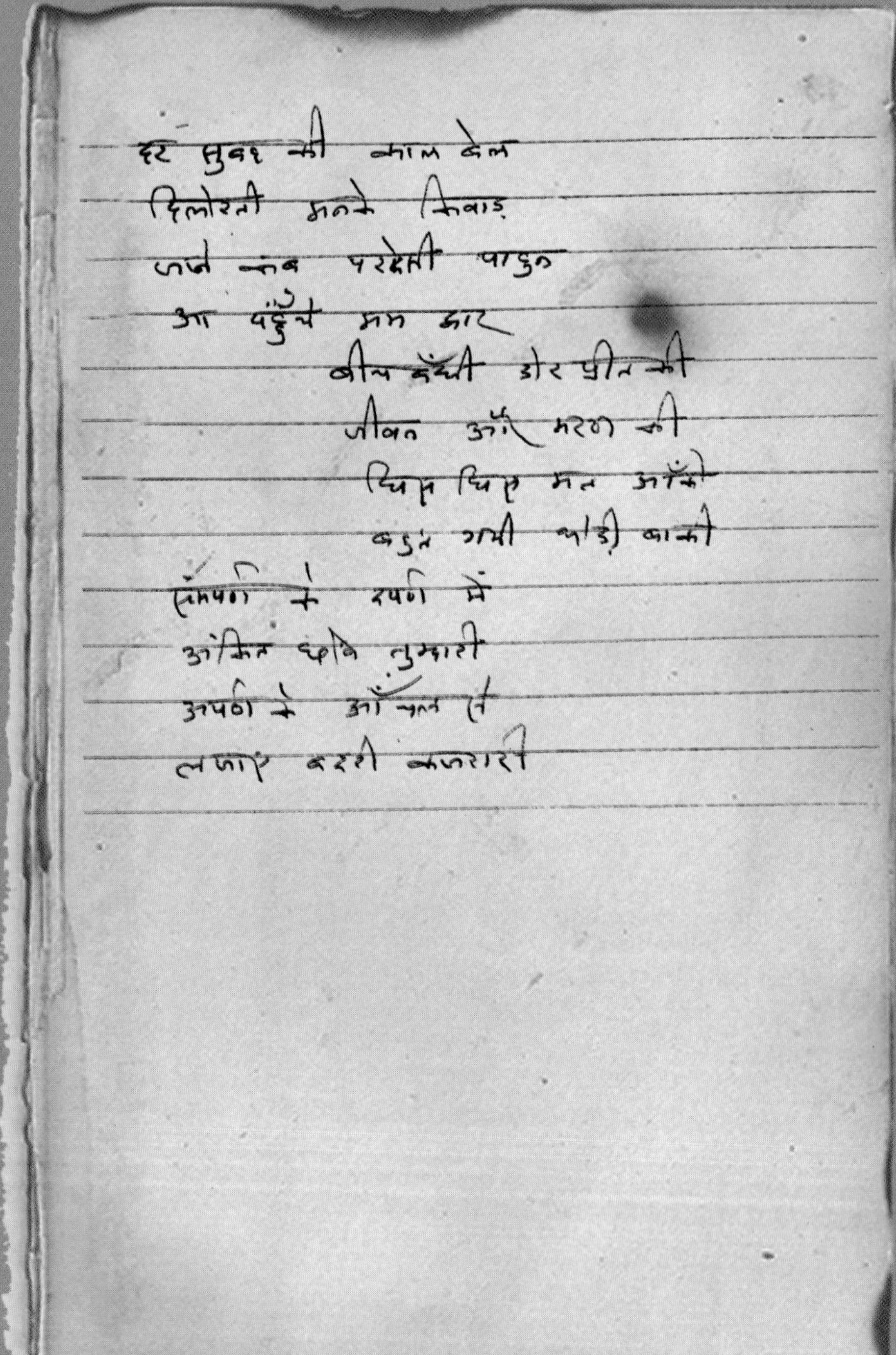

हर सुबह की कालबेल
हिलोरती मन के किवाड़
जाने कब परदेशी पाहुन
आ पहुँचे मन द्वार
बीच बँधी डोर प्रीत की
जीवन और मरण की
खिंच खिंच मत आँको
बहुत गयी थोड़ी बाकी
समर्पण के दर्पण में
अंकित छवि तुम्हारी
अर्पण के आँचल में
लजाए बरसी कजरारी

छवि

हर सुबह की कॉल बेल
हिलोरती मन के किवाड़
जाने कब परदेसी पाहुन
आ पहुँचे मम द्वार

बीच बँधी डोर प्रीत की
जीवन और मरण की
घिस-घिस मत आँको
बहुत गयी थोड़ी बाकी

समर्पण के दर्पण में
अंकित छवि तुम्हारी
अर्पण के आँचल में
लजाये बदरी कजरारी

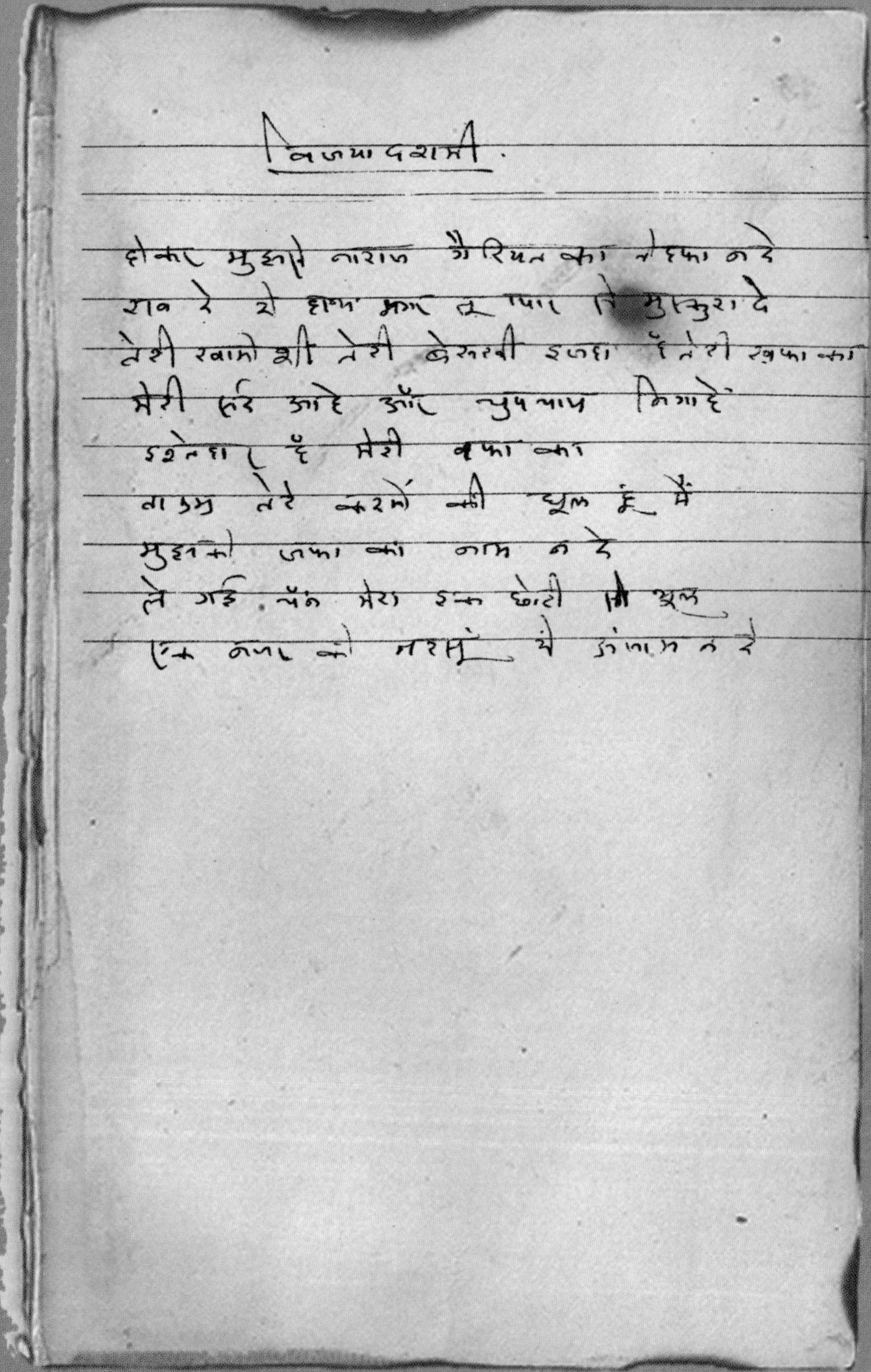
विजया दशमी

होकर मुझसे नाराज़ गैरियत का तोहफ़ा न दे
सब दे ये हाथ मगर तू प्यार से मुस्कुरा दे
तेरी ख़ामोशी तेरी बेरुख़ी इज़हार है तेरी ख़फ़ा का
मेरी दर्द आहें और चुपचाप मिटा दे
इम्तेहान है मेरी वफ़ा का
नाज़ुम तेरे चरणों की धूल हूँ मैं
मुझको जफ़ा का नाम न दे
ले गई जान मेरा एक छोटी सी भूल
इक जवान को नासमझी में इलजाम न दे

तोहफा

होकर मुझसे नाराज गैरियत का तोहफा न दे
रख दे दो हाथ मगर तू प्यार से मुस्कुरा दे
तेरी खामोशी तेरी बेरुखी इजहार है तेरी खफा का
मेरी सर्द आहें और चुपचाप निगाहें
इश्तेहार है मेरी वफा का
ता उम्र तेरे कदमों की हूँ धूल
मुझको जफा का नाम न दे
एक नजर को 'तरसूं' मैं ये अंजाम न दे

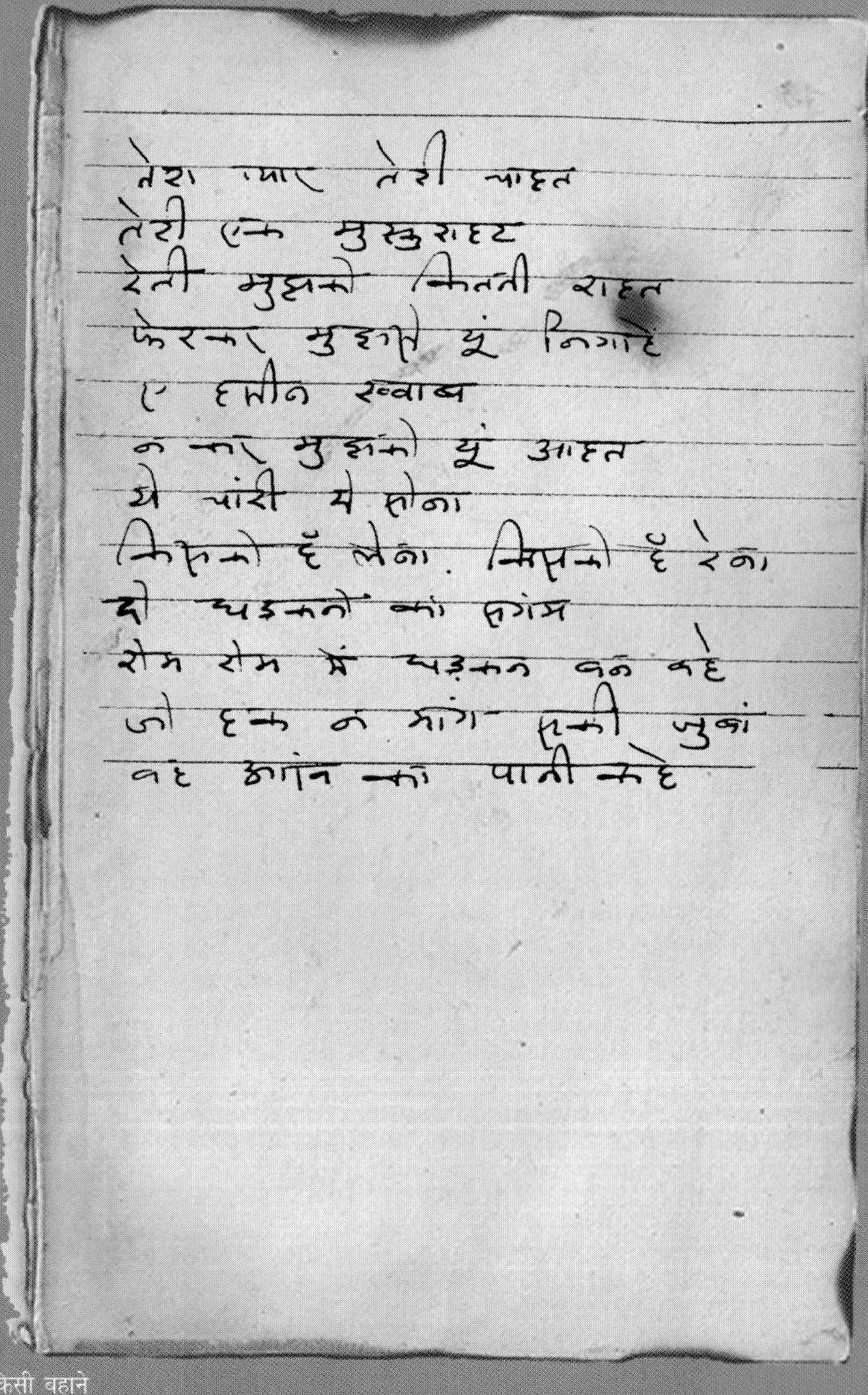
तेरा प्यार तेरी चाहत
तेरी एक मुस्कुराहट
देती मुझको कितनी राहत
फेरकर मुझसे यूं निगाहें
ए हसीन ख्वाब
न कर मुझको यूं आहत
ये चांदी ये सोना
किसको है लेना. किसको है देना
दो धड़कनों का संगम
रोम रोम में धड़कन बन रहे
जो इक न मांगे उसकी जुबां
वह आंख का पानी कहे

चाहत

तेरा प्यार तेरी चाहत
तेरी एक मुस्कुराहट
देती मुझको कितनी राहत
फेरकर मुझसे यूँ निगाहें
ए हसीन ख़्वाब
न कर मुझको यूँ आहत
ये चाँदी ये सोना
किसको है लेना, किसको है देना
दो धड़कनों का संगम
रोम रोम में धड़कन बन बहे
जो हक न माँग सकी जुबाँ
वह आँख का पानी कहे

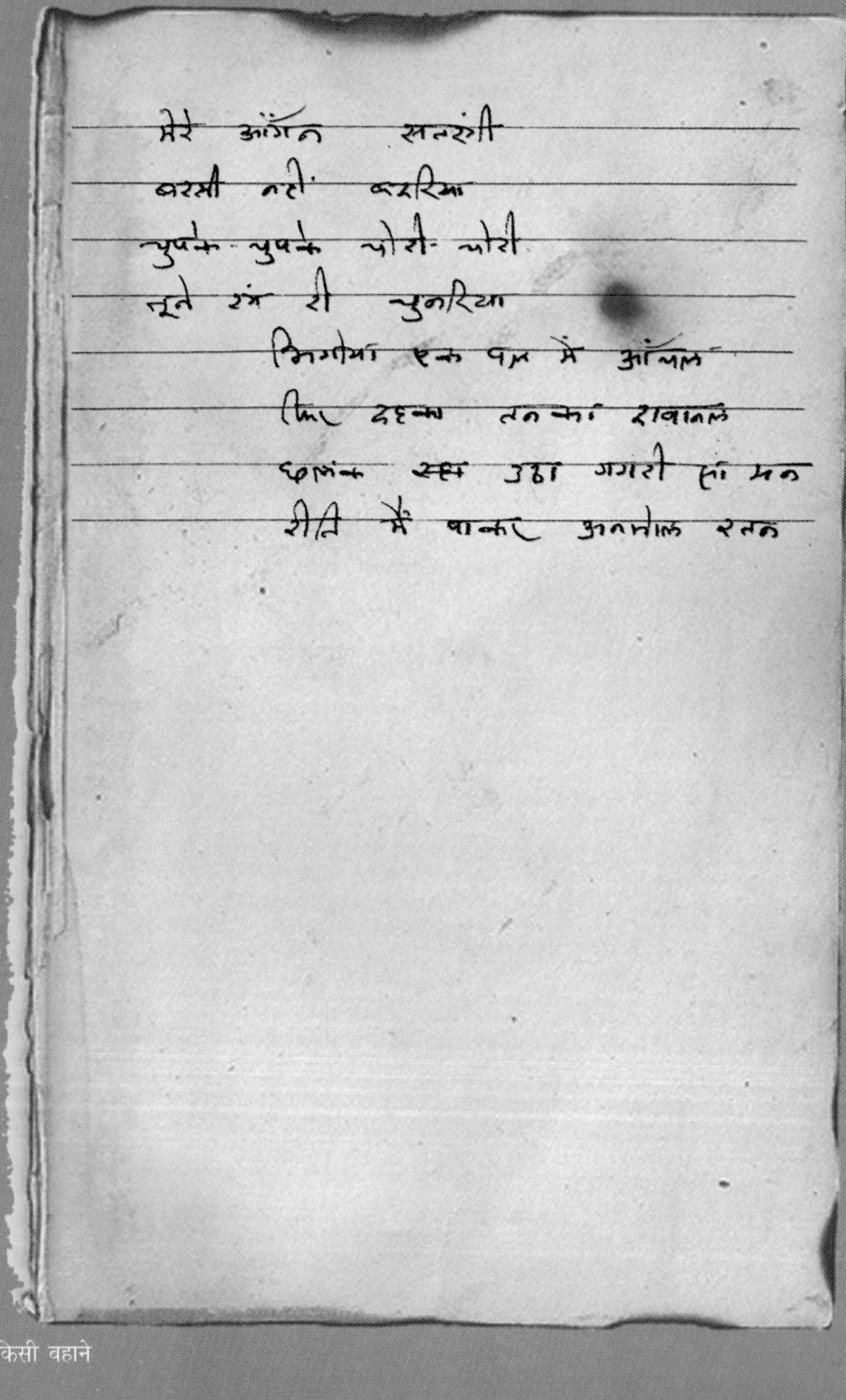

मेरे आँगन सतरंगी
बरसी नहीं बदरिया
चुपके चुपके चोरी चोरी
तूने रंग दी चुनरिया
भिगोया एक पल में आँचल
फिर दहका तन का दावानल
छलका सब उठा गगरी सा मन
रीति मैं पाकर अनमोल रतन

गगरी सा मन

मेरे आँगन सतरंगी
बरसी नहीं बदरिया
चुपके-चुपके चोरी-चोरी
तूने रंग दी चुनरिया
भिगोया एक पल में आँचल
फिर दहका तन का दावानल
छलक उठा गगरी सा मन
रीति मैं पाकर अनमोल रतन

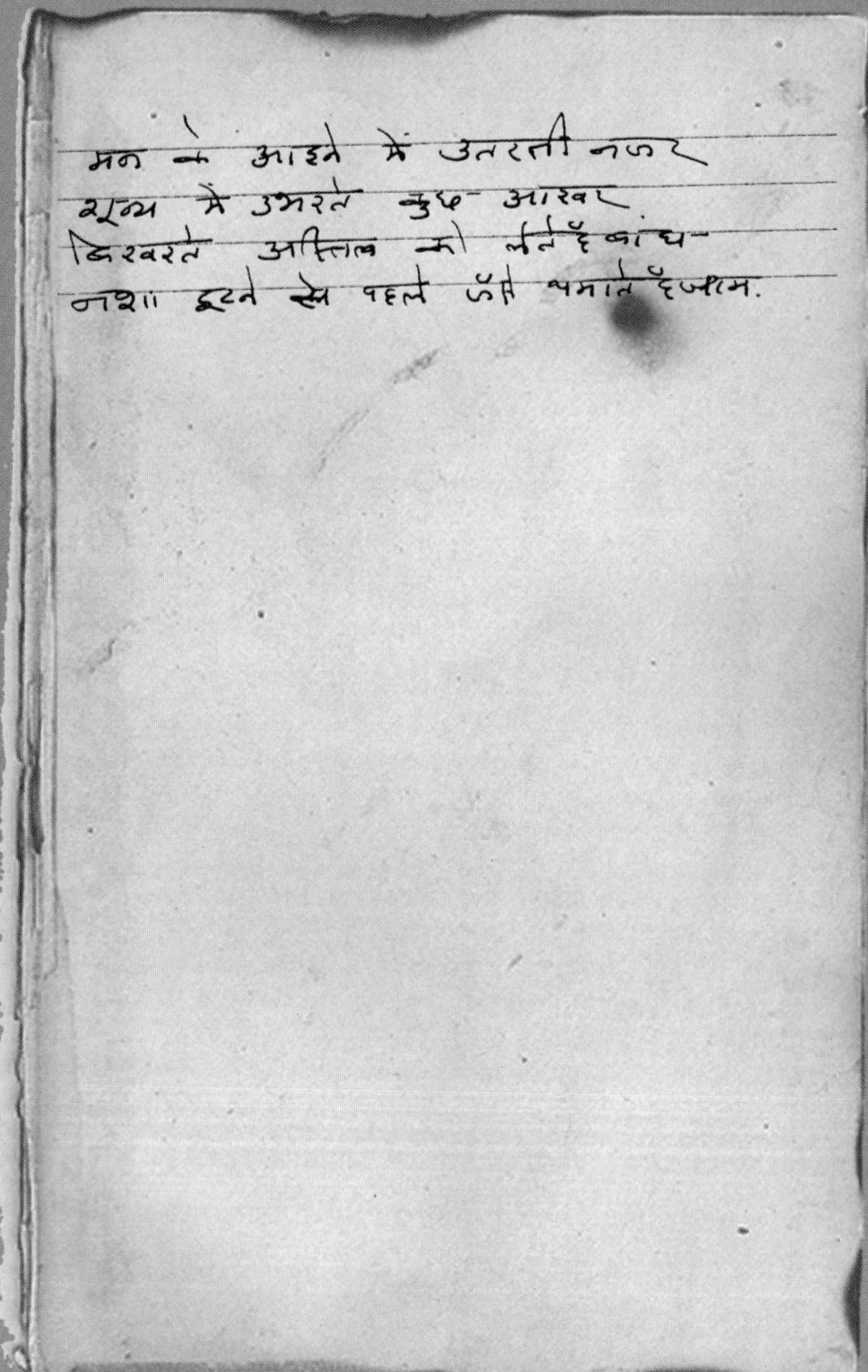

मन के आइने में उतरती नजर
शून्य में उभरते कुछ आखर
बिखरते अस्तित्व को लेते हैं बांध
नशा टूटने से पहले ऊँगली थमाते हैं जाम.

सपना

मन के आईने में उतरी नज़र
शून्य में उभरते कुछ आखर
बिखरते अस्तित्व को लेते हैं बाँध
नशा टूटने से पहले जैसे थमाते हैं जाम।

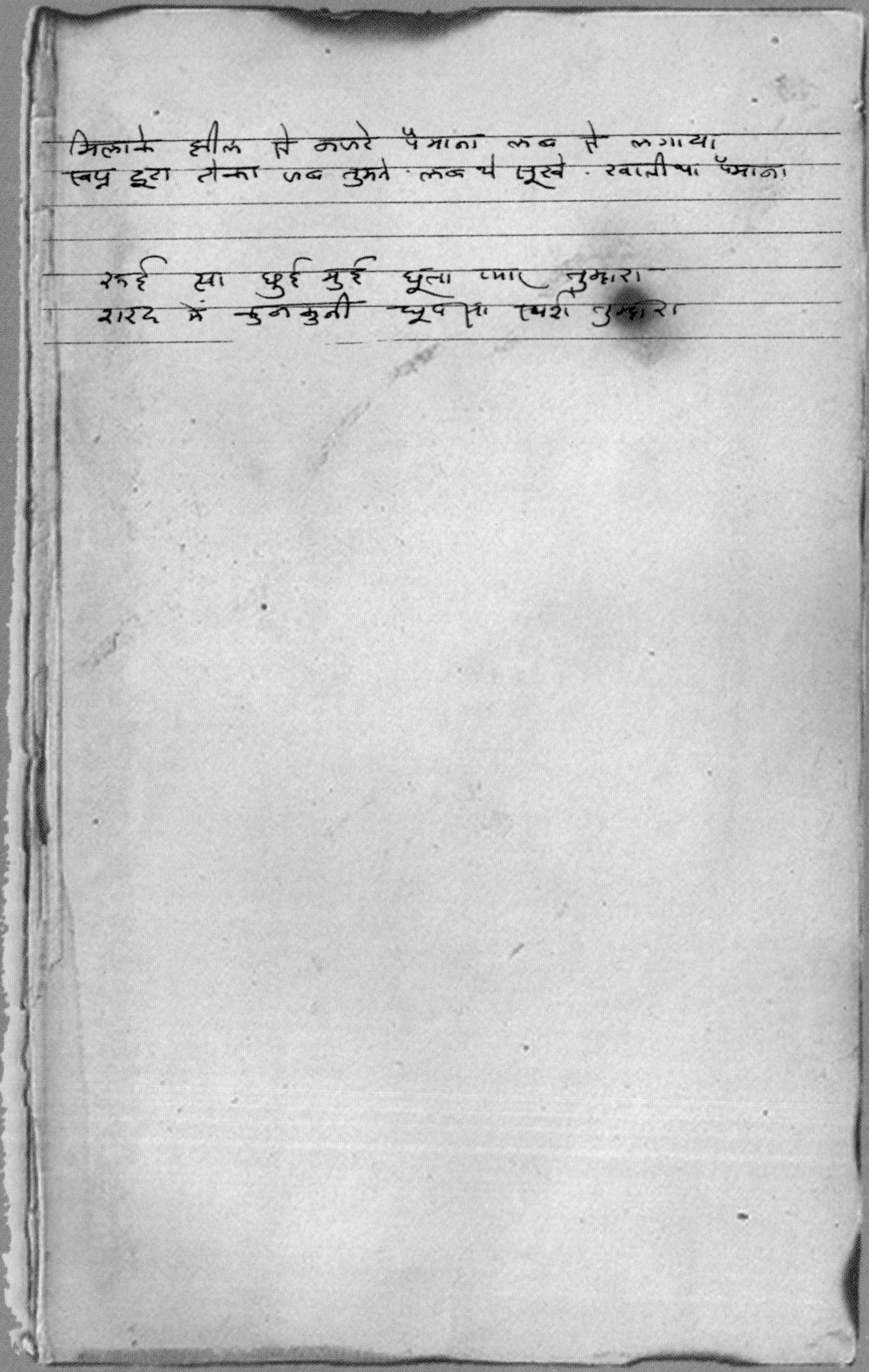
मिलाके झील से नज़रें पैमाना लब से लगाया।
स्वप्न टूटा तो जाना जब तुमने लब पे छुआ खाली था पैमाना।

रुई सा छुई मुई धुला प्यार तुम्हारा।
शरद में कुनकुनी धूप सा स्पर्श तुम्हारा।

स्पर्श

मिलाके झील से नजरें पैमाना लब से लगाया
स्वप्न टूटा जब तुमने लब थे सूखे खाली था पैमाना

रूई-सा छुई-मुई छूता प्यार तुम्हारा
शरद में कुनकुनी धूप-सा स्पर्श तुम्हारा

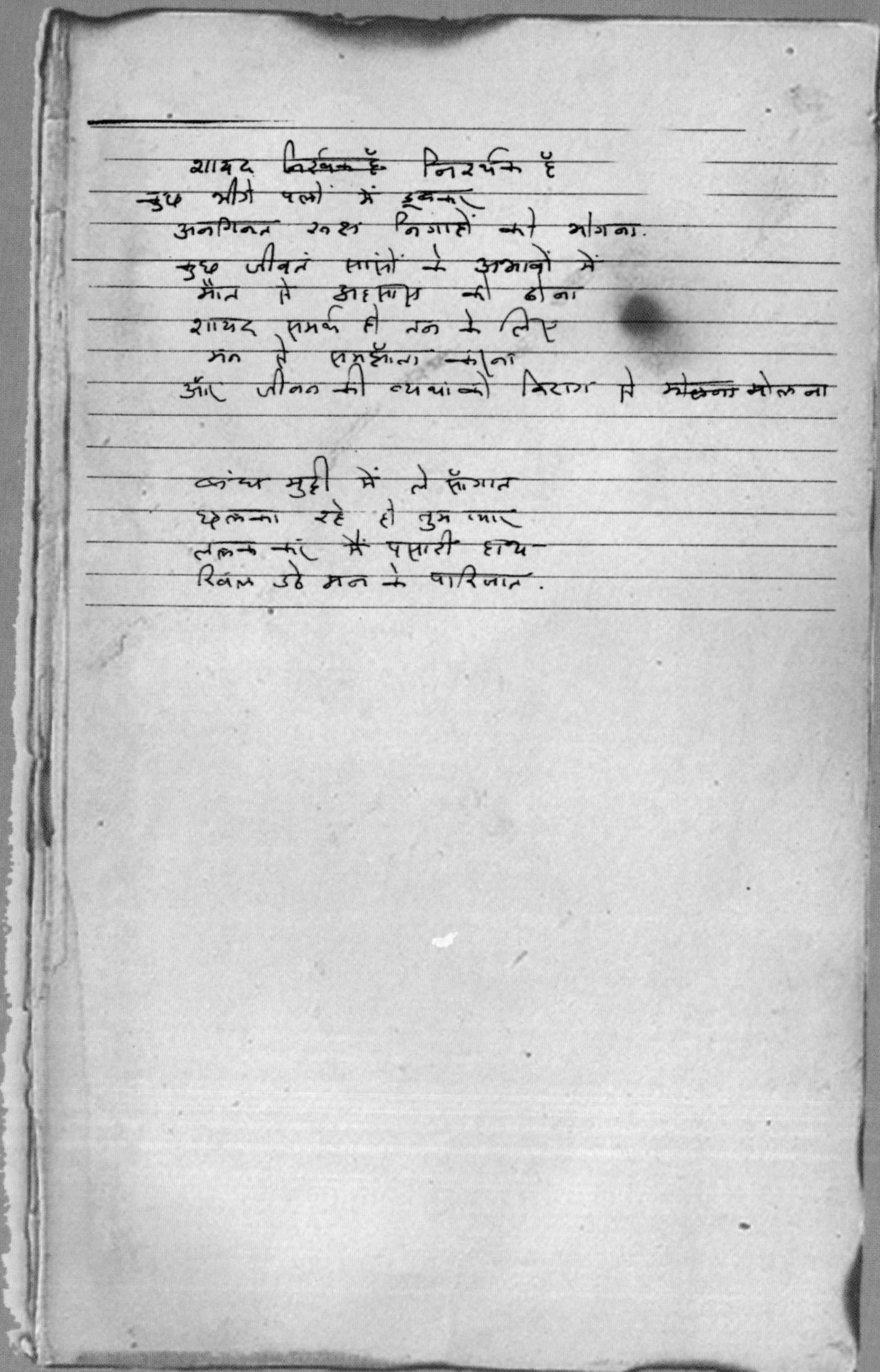

शायद ~~निरर्थक है~~ निरर्थक है
कुछ भीगे पलों में डूबकर
अनगिनत रक्त निगाहों को मांगना.
कुछ जीवंत सांसों के अभावों में
मौत से अहसास को होना
शायद समर्थ ही तन के लिए
मन से समझौता करना
और जीवन की व्यथा को विराग से ~~मोलना~~ मोलना

बांध मुट्ठी में ले सौगात
छलना रहे हो तुम प्यार
तरसता रहा मैं पसारी हाथ
खिल उठे मन के पारिजात.

अहसास

शायद निरर्थक है
कुछ भीगे पलों में डूबकर
अनगिनत रूक्ष निगाहों को भोगना
कुछ जीवन्त साँसों के अभावों में
मौत के अहसास को ढोना,
शायद समर्थ हो तन के लिए
मन से समझौता करना
और जीवन की व्यथा को विराग से मोलना

बन्द मुट्ठी में ले सौगात
छलका रहे हो तुम प्यार
ललक कर मैं पसारी हाथ
खिल उठे मन के पारिजात।

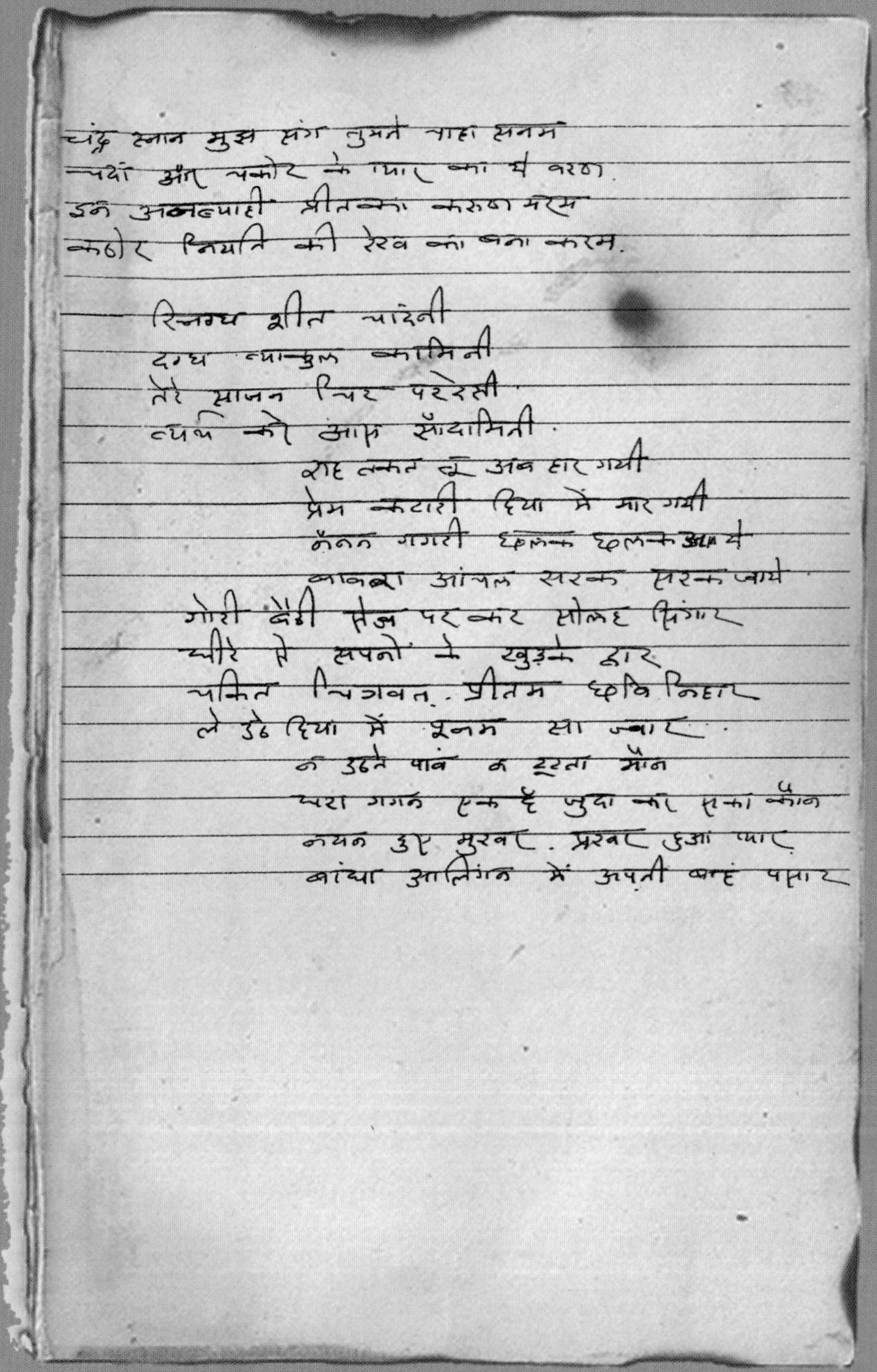
चंद्र स्नान मुझ संग तुमने चाहा सनम
चंदा और चकोर के प्यार का ये वरना.
इन अनचाही प्रीत का करुण मरम
कठोर नियति की रेख का बना करम.

स्निग्ध शीत चांदनी
दग्ध व्याकुल कामिनी
तेरे साजन चिर परदेसी
व्यर्थ की आग सौदामिनी.
राह तकत तू अब हार गयी
प्रेम कटारी हिया में मार गयी
नैनन गगरी छलक छलक जाये
बावरा आंचल सरक सरक जाये.
गोरी बैठी सेज पर कर सोलह सिंगार
धीरे से सपनों के खुड़के द्वार
चकित चित्रवत. प्रीतम छवि निहार
ले उठे हिया में पूनम सा ज्वार.
के उठते पांव क टूटता मौन
धरा गगन एक है जुदा कर सका कौन
नयन हुए मुखर. प्रखर हुआ प्यार
बांधा आलिंगन में अपनी बाहें पसार

सौदामिनी

चन्द्र स्नान मुझ संग तुमने चाहा सनम
चन्दा और चकोर के प्यार का ये वरण
इन अनब्याही प्रीत का करुण मरम
कठोर नियति की रेख कर बना करम

स्निग्ध शीतल चाँदनी
दग्ध व्याकुल कामिनी
तेरे साजन चिर परदेसी
व्यर्थ करे आस सौदामिनी

राह तकत तू अब हार गई
प्रेम कटारी हिया में मार गई
नैनन गगरी छलक छलक आए
बावरा आँचल सरक सरक जाए

गोरी बैठी सेज पर कर सोलह सिंगार
धीरे से सपनों के खुड़के द्वार
चकित चित्रवत, प्रीतम छवि निहार
ले उठे हिया में पूनम सा ज्वार

न उठते पाँव न टूटता मौन
धरा गगन एक है ज़ुदा कर सका कौन
नयन हुए मुखर, प्रखर हुआ प्यार
बांधा आलिंगन में अपनी बाँह पसार

अंग-प्रत्यंग मेरे तुम लगे चूमने
तंग कंचुकी के बन्द लगे फिर खोलने
महकी साँसें लगीं मदहोश करने
खेल अनोखी प्रीत का तुम लगे खेलने

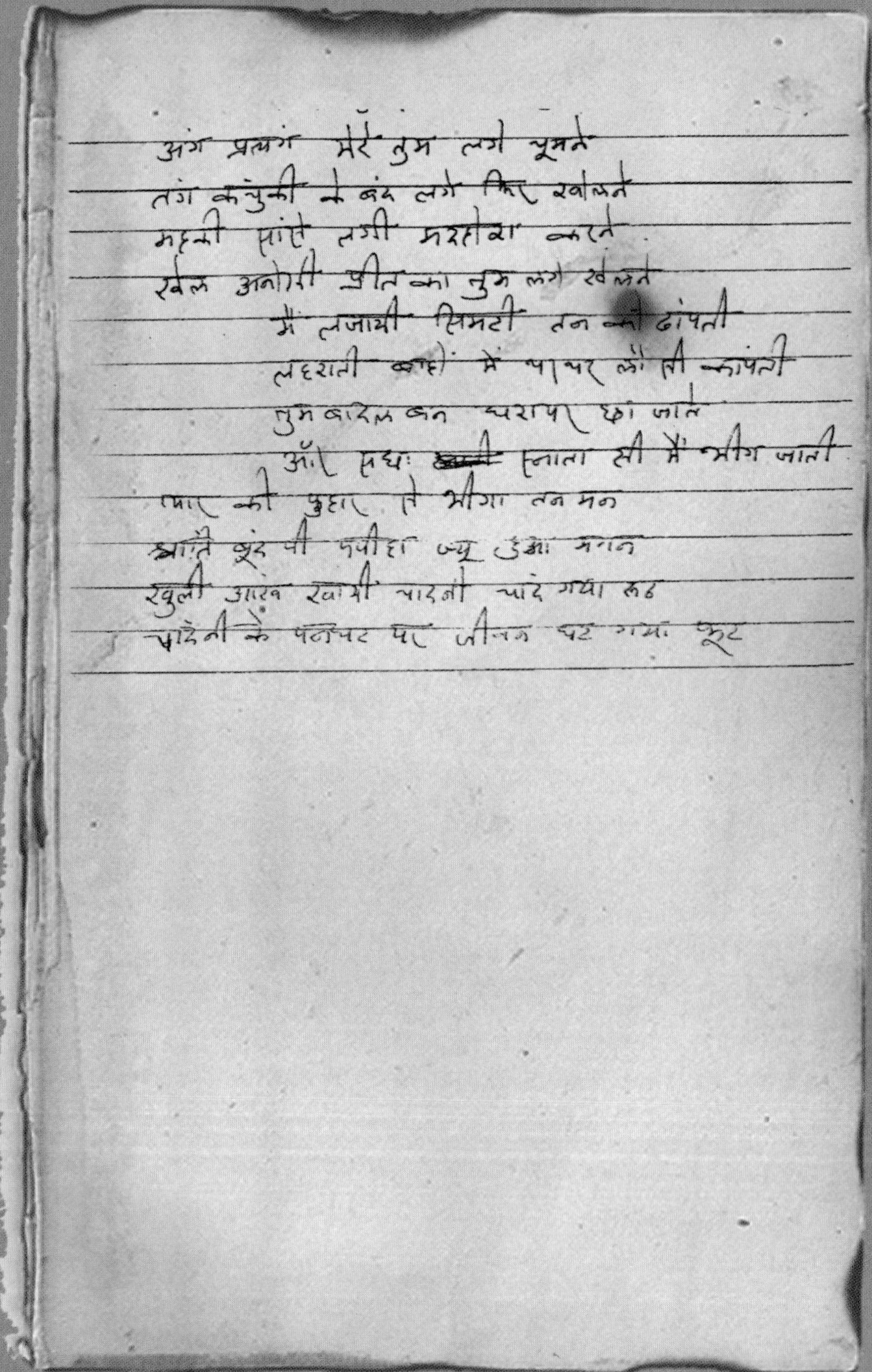

अंग प्रत्यंग मेरे तुम लगे चूमने
तंग कंचुकी के बंद लगे फिर खोलने
मछली सांसें लगी मदहोश करने
खेल अनोखे प्रीत का तुम लगे खेलने
मैं लजायी सिमटी तन को ढांपती
लहराती बाहों में पाकर लौ सी कांपती
तुम बादल बन धरा पर छा जाते
औ' सद्यः स्नाता सी मैं भीग जाती
प्यार की फुहार से भीगा तन मन
स्वाति बूंद पी पपीहा ज्यूं उड़ा गगन
खुली आंख खोयी चांदनी चांद गया रूठ
चांदनी के पनघट पर जीवन घट गया फूट

मैं लजायी सिमटी तन को ढाँपती
लहराती बाँहों में थरथर लौ सी काँपती
तुम बादल बन धरा पर छा जाते
और सद्यः स्नाता सी मैं भीग जाती

प्यार की फुहार से भीगा तन मन
स्वाति बूँद पी पपीहा ज्यूँ हुआ मगन
खुली आँख खोयी चाँद गया रूठ
चाँदनी के पनघट पर जीवन घट गया फूट

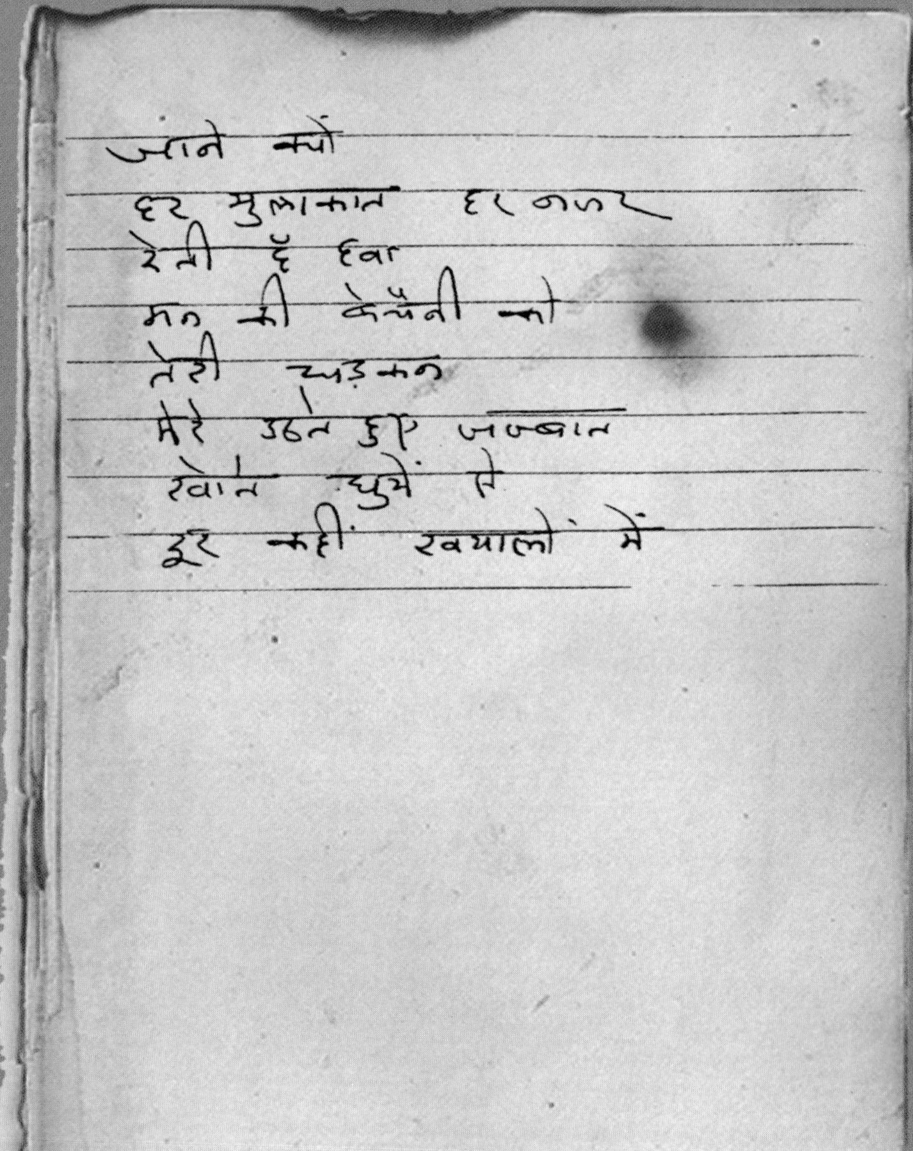
जाने क्यों
हर मुलाकात हर नज़र
देती है हवा
मन की बेचैनी को
तेरी धड़कन
मेरे उठते हुए जज़्बात
खोते धुएं से
दूर कहीं ख्यालों में

बेचैनी

जाने क्यों
हर मुलाकात हर नजर
देती है हवा
मन की बेचैनी को
तेरी धड़कन
मेरे उठते हुए
जज्बात
खोते धुएँ से
दूर कहीं खयालों में

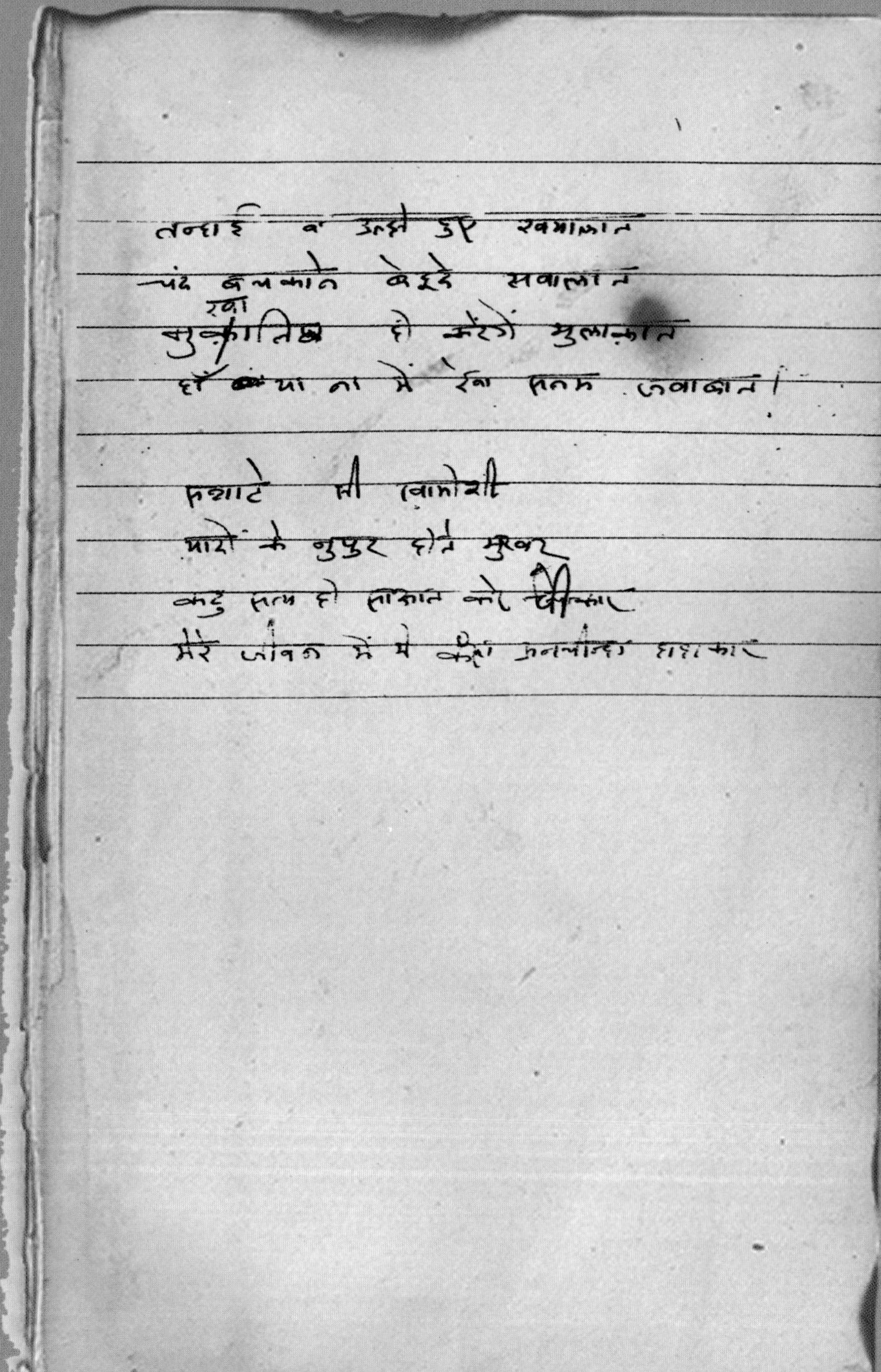
तन्हाई व उलझे हुए ख़यालात
चंद बलखाते बेहूदे सवालात
मुख़ातिब हो करेंगे मुलाक़ात
हाँ [illegible] था ना मैं रखा ग़लत जवाबात।

सन्नाटे सी ख़ामोशी
पायलों के नूपुर होते मुखर
कटु सत्य हो साकार जो चीत्कार
मेरे जीवन में भी क्यों अनचाहा हाहाकार

मुखर खामोशी

तन्हाई व उलझे हुए ख़्यालात
चन्द बचकाने बेहूदे सवालात
मुखालिफ़ हो करेंगे मुलाकात
हाँ ना में देना सनम जवाबात

सन्नाटे-सी खामोशी में
यादों के नूपुर होते मुखर
कई सत्य साक्षात हो करें पुकार
मेरे जीवन में ये कैसा अन्चीन्हा हाहाकार

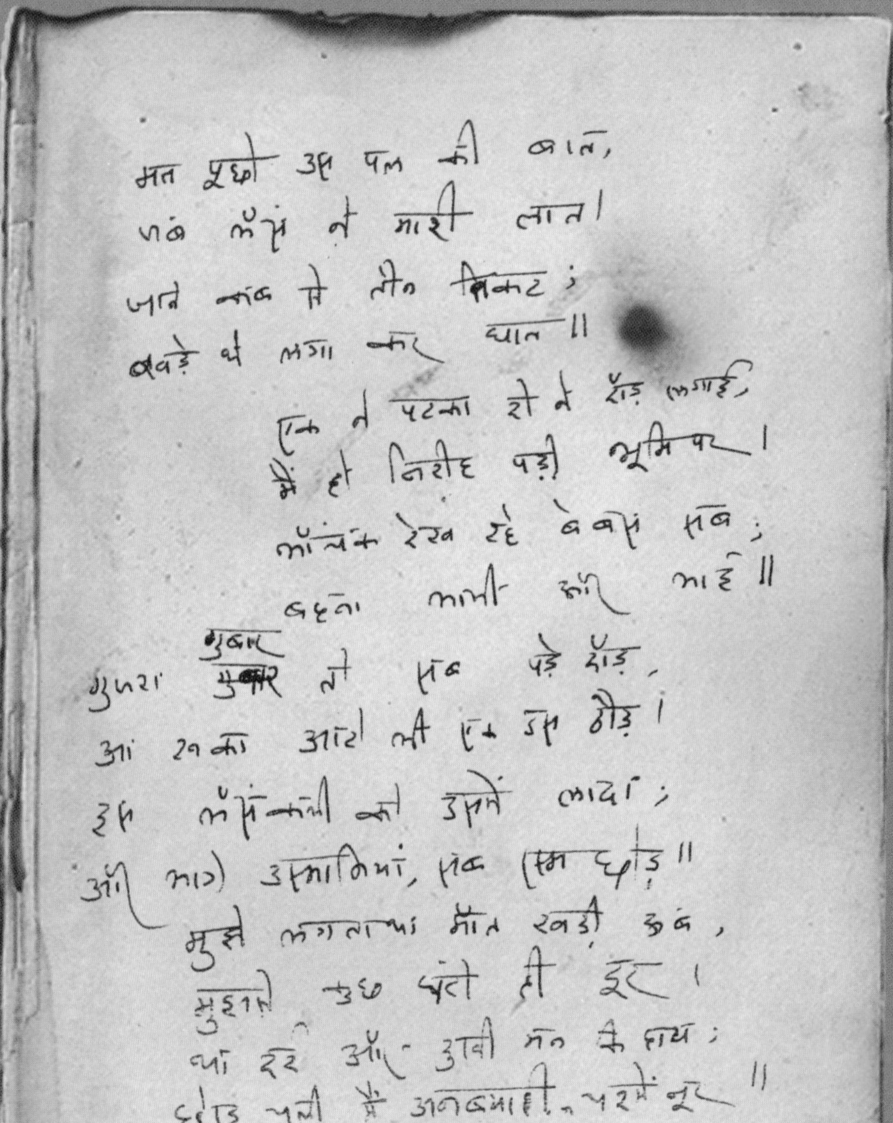
मत पूछो उस पल की बात,
जब लँगड़े ने मारी लात।
जाते वक्त थे तीन विकेट;
बढ़े थे लगा कर घात॥
एक ने पटका दो ने दौड़ लगाई,
मैं हो निरीह पड़ी भूमि पर।
ताँक रहे थे बेचारे सब;
बहना भाभी और माई॥
गुजरा गुबार तो सब पड़े दौड़,
और रचना आटो ली एक उस ठौड़।
इस लँगड़ी-वाली को उसने लादा;
और भागे उसमानियां, सब कुछ छोड़॥
मुझे लगता था मौत खड़ी है,
मुझसे कुछ पलों ही दूर।
था डर और उसी मन के साथ;
छोड़ चली मैं अनब्याही, घर में नूर॥
[illegible] भी किया कारन धन घोर,
खटकने लगे इधर उधर फोन।
पहुँचे सब अस्पताल मनाते दुख देव;
तकती रही मैं सबको होकर मौन॥

बहनों से मुलाकत

मत पूछो उस पल की बात,
जब भैंस ने मारी लात।
जाने कब से तीन विकट,
खड़े थे लगा कर घात॥

एक ने पटका दो ने दौड़ लगाई,
मैं हो निरीह पड़ी भूमि पर।
भौचक देख रहे बेबस सब,
बहना, भाभी और भाई॥

गुजरा गुबार तो सब पड़े दौड़,
आ रुका आटो भी एक उस ठौड़।
इस भैंसकली को उसमें लादा,
और भागे उस्मानियाँ, सब रस्म छोड॥
मुझे लगता था मौत खड़ी अब,
मुझसे कुछ घण्टो ही दूर।
था दर्द और दुखी मन कि हाय,
छोड़ चली मैं अनब्याही चश्में नूर॥
मेघा ने भी किया रुदन घन घोर,
खटकने लगे इधर उधर फोन।
पहुँचे सब अस्पताल मनाते इष्ट देव,
तकती रही मैं सबको होकर मौन॥

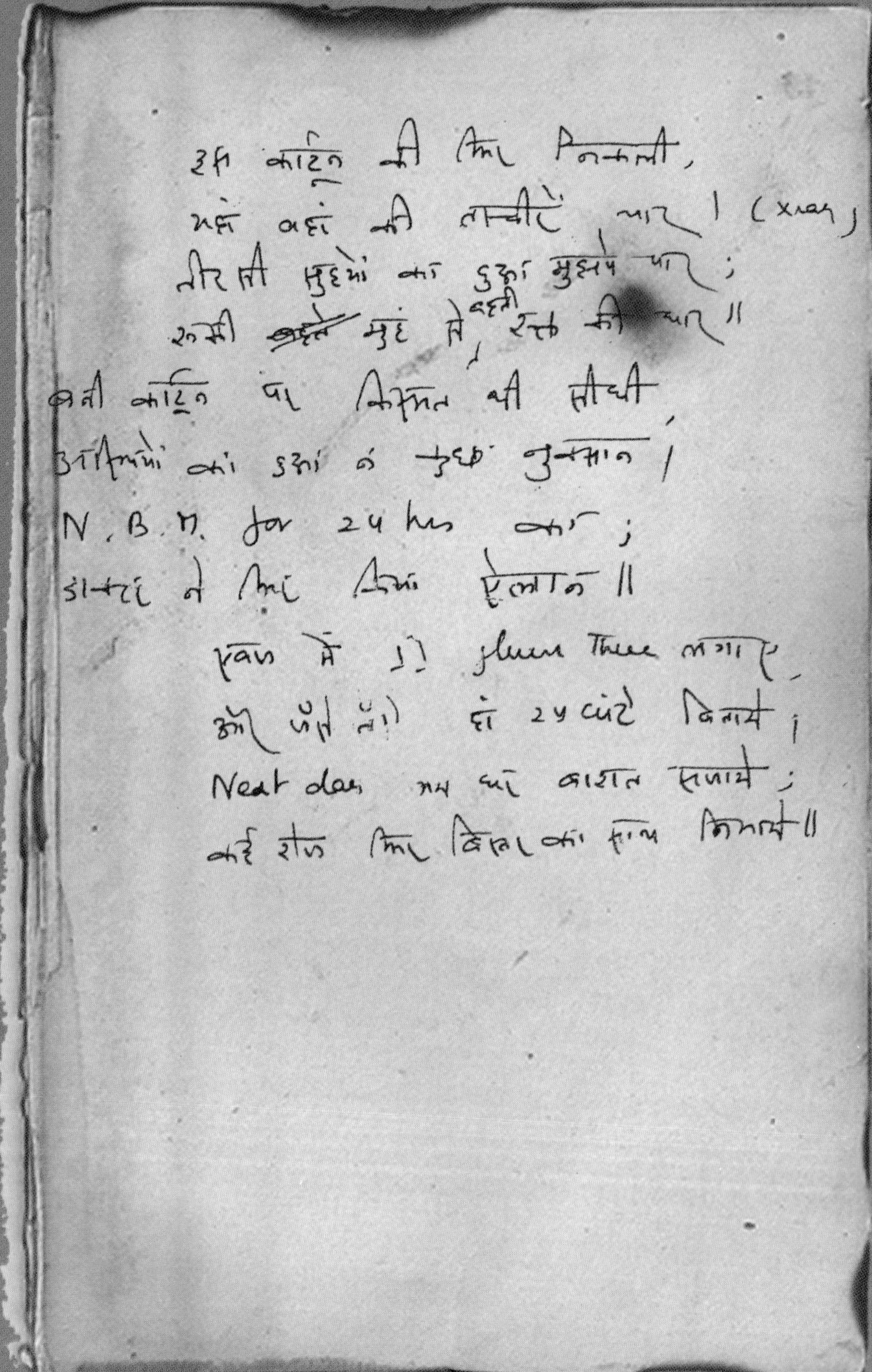

इस कार्टून की फिर निकली,
यहां वहां की तस्वीरें यार। (Xray)
तैरती मुइयों का धुआं मुश्किल पार;
इतनी ~~अहिल~~ मुंह से, बहती रक्त की धार॥

इसी कार्टून पर किस्मत की तीखी,
आंतियों का इलाज न कुछ नुकसान।
N.B.M. for 24 hrs का;
डाक्टर ने फिर किया ऐलान॥

पेट में 11 glucose Three लगाए,
और पेट लेटे हो 24 घंटे बिताये;
Next day रस का नाश्ता सजाये;
कई रोज फिर बिस्तर का साथ निभाये॥

इस कार्टून की फिर निकली,
यहाँ वहाँ की तस्वीरें चार (एक्स-रे)
तीर सी सइयों का हुआ मुझपे वार,
रुकी मुँह से बहती रक्त की धार॥

बनी कार्टून पर किस्मत थी सीधी,
अस्थियों का हुआ न कुछ नुकसान॥
एन.बी.एम. फार 24 घण्टे का,
डाक्टर ने फिर किया ऐलान॥

एवज में आई.वी./फ्लुइड तीन लगाये,
और जैसे तैसे यहाँ 24 घण्टे बिताये।
अगले दिन गये घर बारात सजाये,
कई रोज फिर बिस्तर का साथ निभाये॥

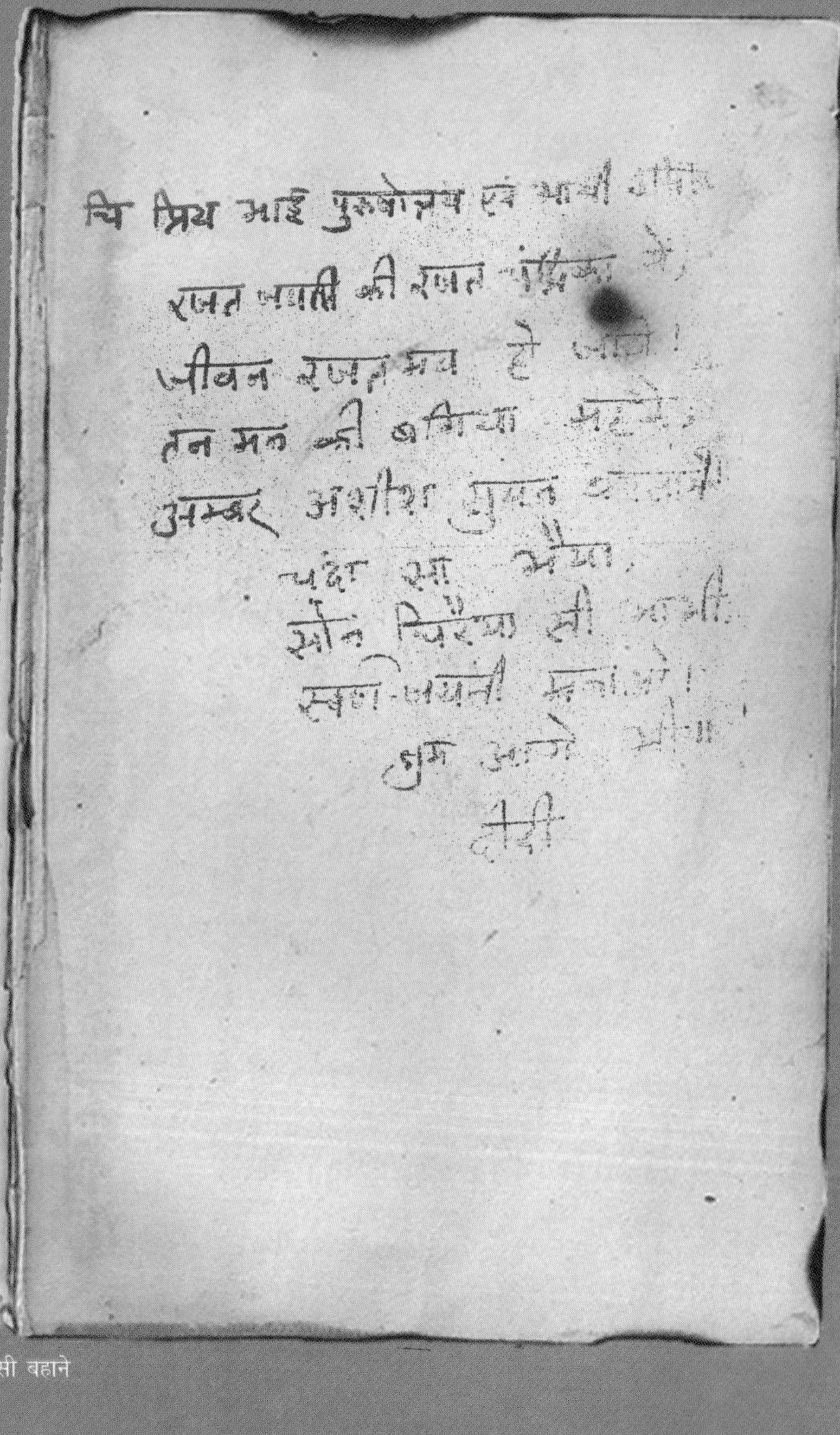
चि. प्रिय भाई पुरुषोत्तम एवं भाभी [illegible]
रजत जयन्ती की रजत चंद्रिका से,
जीवन रजतमय हो जाये!
तन मन की बगिया महके,
अम्बर अशीश सुमन बरसाये।
चंदा सा बेटा,
सोन चिरैया सी बेटी
स्वर्ण-जयन्ती मनाओ!
शुभ आशीष
दीदी

रजत जयन्ती

चि. प्रिय भाई एवं भाभी
रजत जयन्ती की रजत चन्द्रिका में,
जीवन रजत मय हो जाये।
तन मन की बगिया महके,
अम्बर अशीश सुमन बरसाये॥
चन्दा सा भैया, सोन चिरैया सी भाभी,
स्वर्ण जयन्ती मनाओ
तुम आगे भी॥

तुम्हारी दीदी

Student/Doctor Life

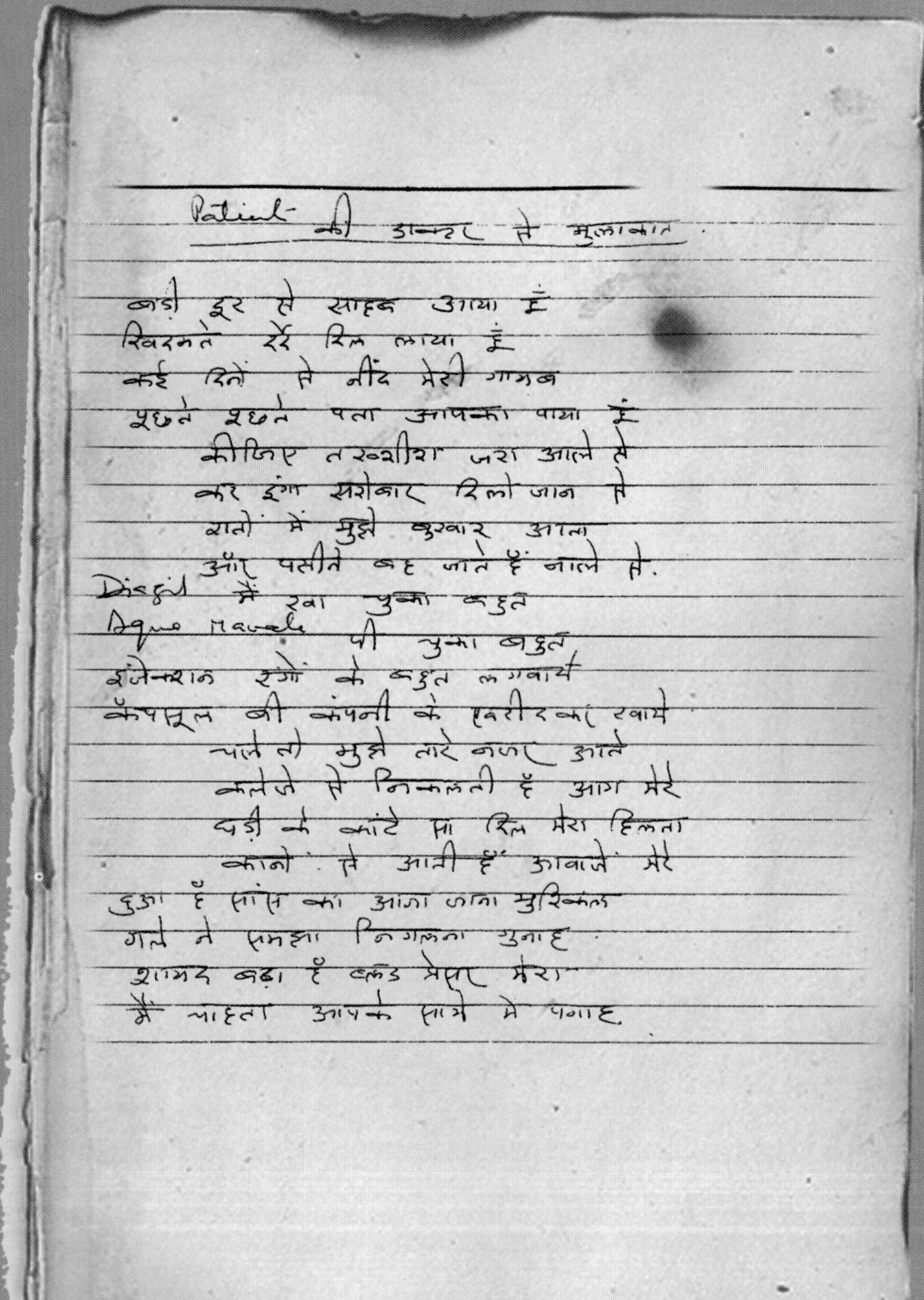

Patient की डाक्टर से मुलाकात

बड़ी दूर से साहब आया हूँ
खिदमते दर्दे दिल लाया हूँ
कई दिनों से नींद मेरी गायब
पूछते पूछते पता आपका पाया हूँ
कीजिए तश्खीश जरा आले से
कर दूंगा सरोकार दिलो जान से
रातों में मुझे बुखार आता
और पसीने बह जाते हैं नाले से.
Disgil मैं खा चुका बहुत
Aqua Mavale पी चुका बहुत
इंजेक्शन रगों में बहुत लगवाये
कैप्सूल भी कंपनी के खरीदकर खाये
चलते तो मुझे तारे नजर आते
कलेजे से निकलती है आग मेरे
घड़ी के कांटे सा दिल मेरा हिलता
कानों से आती हैं आवाजें मेरे
हुआ है सांस का आना जाना मुश्किल
गले ने समझा निगलना गुनाह
शायद बढ़ा है ब्लड प्रेशर मेरा
मैं चाहता आपके साये में पनाह

डॉक्टर से मुलाक़ात

बड़ी दूर से साहब आया हूँ
खिदमत में दर्दे दिल लाया हूँ
कई दिनों से नींद मेरी गायब
पूछते-पूछते पता आपका पाया हूँ

कीजिए तफ्शीश जरा आले से
कर दूँगा राराबोर दिलो जान से
रातों में मुझे बुखार आता
और पसीने बह जाते हैं नाले से

डाइज़िल मैं ख़ा चुका बहुत
पानी मवाला* का, पी चुका बहुत
इंजेक्शन रंगों के बहुत लगवाए
कैपसूल कई कम्पनी के खरीदकर खाए

चलूँ तो मुझे तारे नजर आते
कलेजे से निकलती है आग मेरे
घड़ी के काटे सा दिल मेरा हिलता
कानों से आती हैं आवाजें मेरे

हुआ है साँस का आना जाना मुश्किल
गले ने समझा निगलना गुनाह
शायद बढ़ा है ब्लडप्रेशर मेरा
मैं चाहता आपके साये में पनाह

---

* मवाला—एक तालाब का नाम

Read the Bible Best & Taylor
You will remain a gold medal holder.
Please donot ever read chatterjee
You will remain a jailerjee.
O dear Beware of wright
Dr Silêremaye will fight
If you are following Thorpe
Dr Ranganath Rao will laugh.
My dear Boy Buy three authors
& Become a Biochemistry Master.
only Histology by Sharpey Shaffer
Every professor will prefer
get through 2nd year stream forget Synopsis even in the dream
Have my noble sincere advice
which is given to you without any price.
This is all to make you cheer.
Heartly welcome new coming 1st year.

Welcome Fresher

Read the Bible Best & Taylor
you will remain a gold medal holder
Please do not ever read Chatterjee
you will remain a failure jee
O Dear beware of Wright
Dr. Sitaramayya will fight
If you are following Thorpe
Dr. Rangnath Rao will laugh
My dear Buy three authors
I Become & Biochemistry Master
Only History by Sharpy Shaffer
Every Professor will prefer
To get through 2nd year stream forget
synopsis even in the dream
have my noble sincere solving
which is available to you without any price
This is all to make you cheer.
Heartily welcome new coming 1st year.

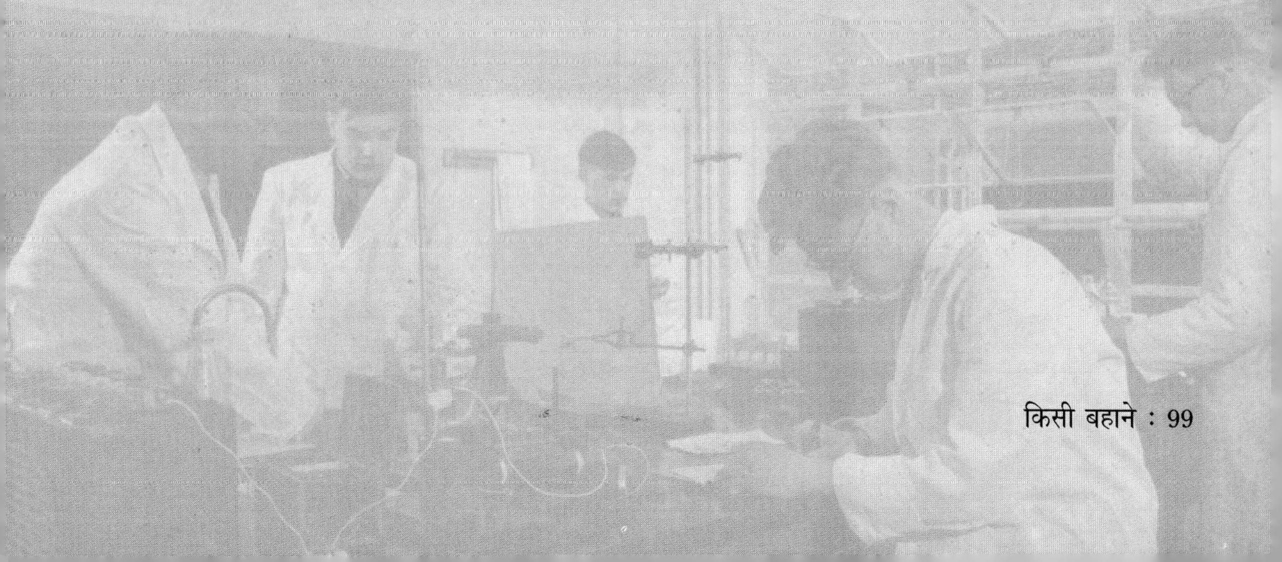

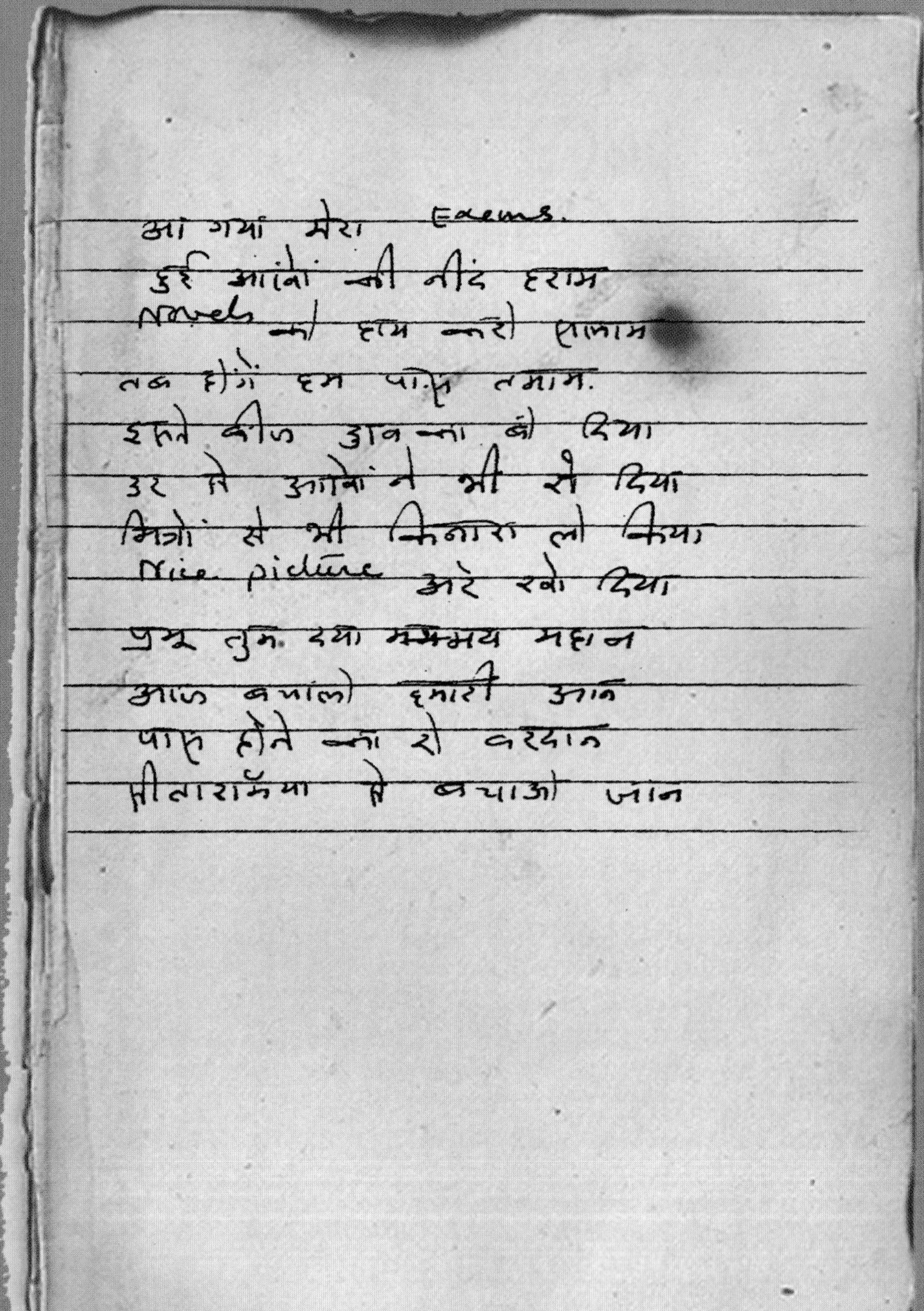

आ गया मेरा Exams.
हुई आंखों की नींद हराम
Novels को हमें करो सलाम
तब होंगे हम पास तमाम.
इसने खेल भावना को खो दिया
डर से आंखों ने भी रो दिया
मित्रों से भी किनारा लो किया
Nice picture और रख दिया
प्रभु तुम दया मय महान
आज बचालो हमारी जान
पास होने का दो वरदान
सीतारामैया से बचाओ जान

हाय एक्जाम

आ गया मेरा एक्जाम
हुई आँखों की नींद हराम
नॉवेल को हाय करो सलाम
तब होंगे हम पास तमाम।
आ गया मेरा एक्जाम
इसने बीज दुःख का बो दिया
डर से आँखों ने भी रो दिया
मित्रों से भी किनारा लो किया
हिट फिल्म भी अरे खो दिया
प्रभु तुम दयामय महान
आज बचा लो हमारी आन
पास होने का दो वरदान
सीतारामैया से बचाओ जान।

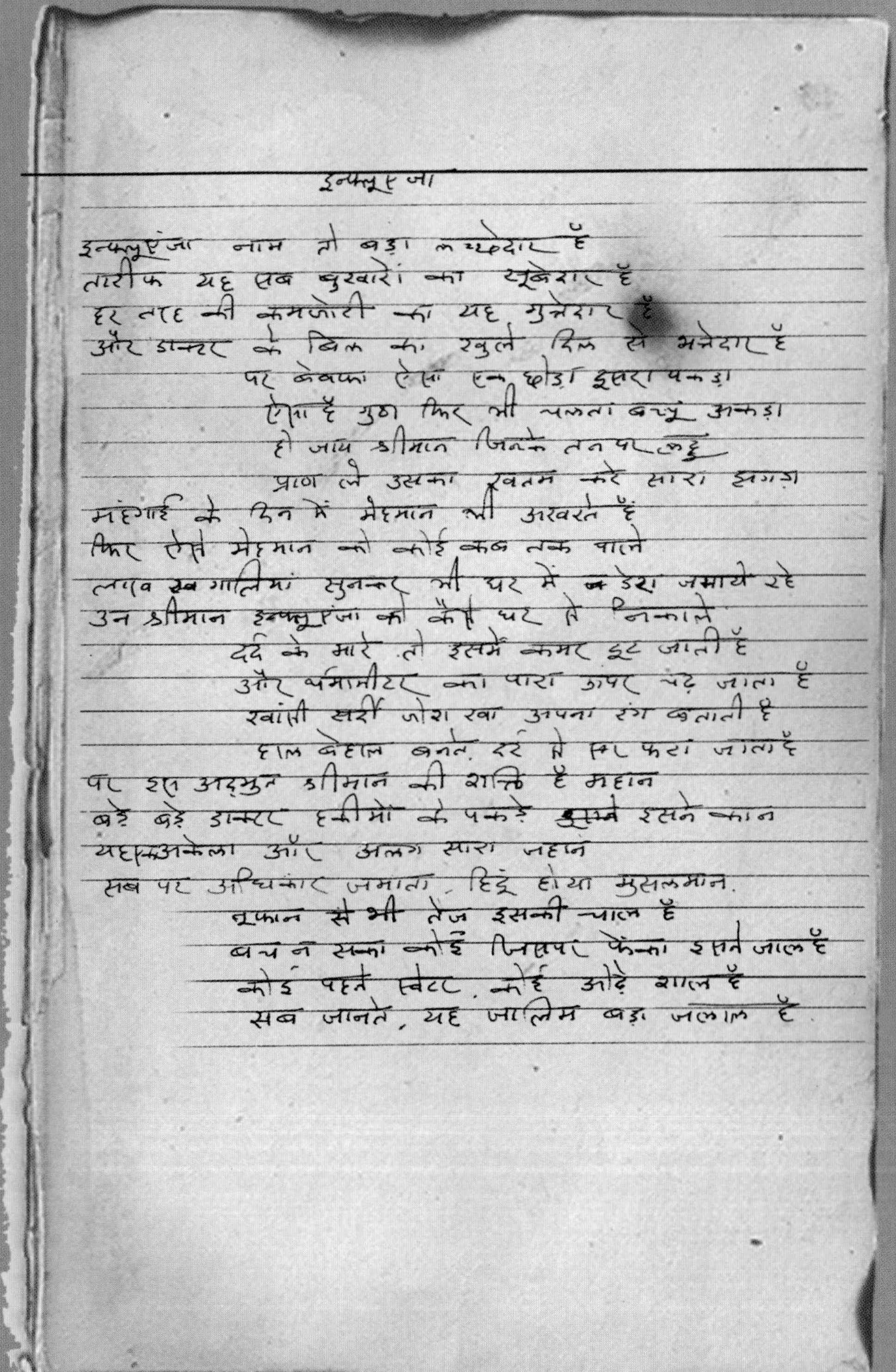

इन्फ्लूएंजा

इन्फ्लूएंजा नाम तो बड़ा लच्छेदार है
तारीफ यह सब बुखारों का सूबेदार है
हर तरह की कमजोरी का यह गुनेदार है
और डाक्टर के बिल का खुले दिल से भनेदार है
पर बेवफा ऐसा एक छोड़ा दूसरा पकड़ा
ऐसा है गुण फिर भी चलता बच्चू अकड़ा
हो जाय श्रीमान जिनके तन पर लट्टू
प्राण ले उसका खतम करे सारा झगड़ा
महंगाई के दिन में मेहमान भी अखरते हैं
फिर ऐसे मेहमान को कोई कब तक पाले
लाख गालियां सुनकर भी घर में डेरा जमाये रहे
उन श्रीमान इन्फ्लूएंजा को कौन घर से निकाले
दर्द के मारे तो इसमें कमर टूट जाती है
और थर्मामीटर का पारा ऊपर चढ़ जाता है
खांसी सर्दी जोश खा अपना रंग बताती है
हाल बेहाल बने, दर्द से सिर फटा जाता है
पर इस अद्भुत श्रीमान की शक्ति है महान
बड़े बड़े डाक्टर हकीमों के पकड़े इसने कान
यह अकेला और अलग सारा जहान
सब पर अधिकार जमाता, हिंदू हो या मुसलमान.
तूफान से भी तेज इसकी चाल है
बच न सका कोई जिसपर फेंका इसने जाल है
कोई पहने स्वेटर, कोई ओढ़े शाल है
सब जानते, यह जालिम बड़ा जलाल है.

श्रीमान इन्फ्लूएंजा

इन्फ्लूएंजा नाम तो बड़ा लच्छेदार है
तारीफ यह, सब बुखारों का ये सूबेदार है
हर तरह की कमजोरी का यह गुत्तेदार है
और डॉक्टर के बिल का खुले दिल से भत्तेदार है

पर बेवफा ऐसा एक छोड़ा दूसरा पकड़ा
ऐसा है गुण फिर भी चलता बच्चूं अकड़ा
हो जाये श्रीमान जिनके तन पर लहू
प्राण ले उसका खत्म करे सारा झगड़ा

महँगाई के दिन में मेहमान भी अखरते हैं
फिर ऐसे मेहमान को कोई कब तक पाले
लाख गालियाँ सुनकर भी घर में डेरा जमाये रहे
उन श्रीमान इन्फ्लूएंजा को कैसे घर से निकाले

दर्द के मारे तो इसमें कमर टूट जाती है
और थर्मामीटर का पारा ऊपर चढ़ जाता है
खाँसी सर्दी जोश खा अपना रंग बताती है
हाल बेहाल बनते दर्द से सर फटा जाता है

पर इस अद्‌भुत श्रीमान की शक्ति है महान
बड़े-बड़े डॉक्टर हकीमों के पकड़े इसने कान
यहाँ एक अकेला और अलग सारा जहान
सब पर अधिकार जमाता, हिन्दू हो या मुसलमान।

तूफान से भी तेज इसकी चाल है
बच न सका कोई जिस पर फेंका इसने जाल है
कोई पहने स्वेटर, कोई ओढ़े शाल है
सब जानते हैं, यह जालिम बड़ा जलाल है

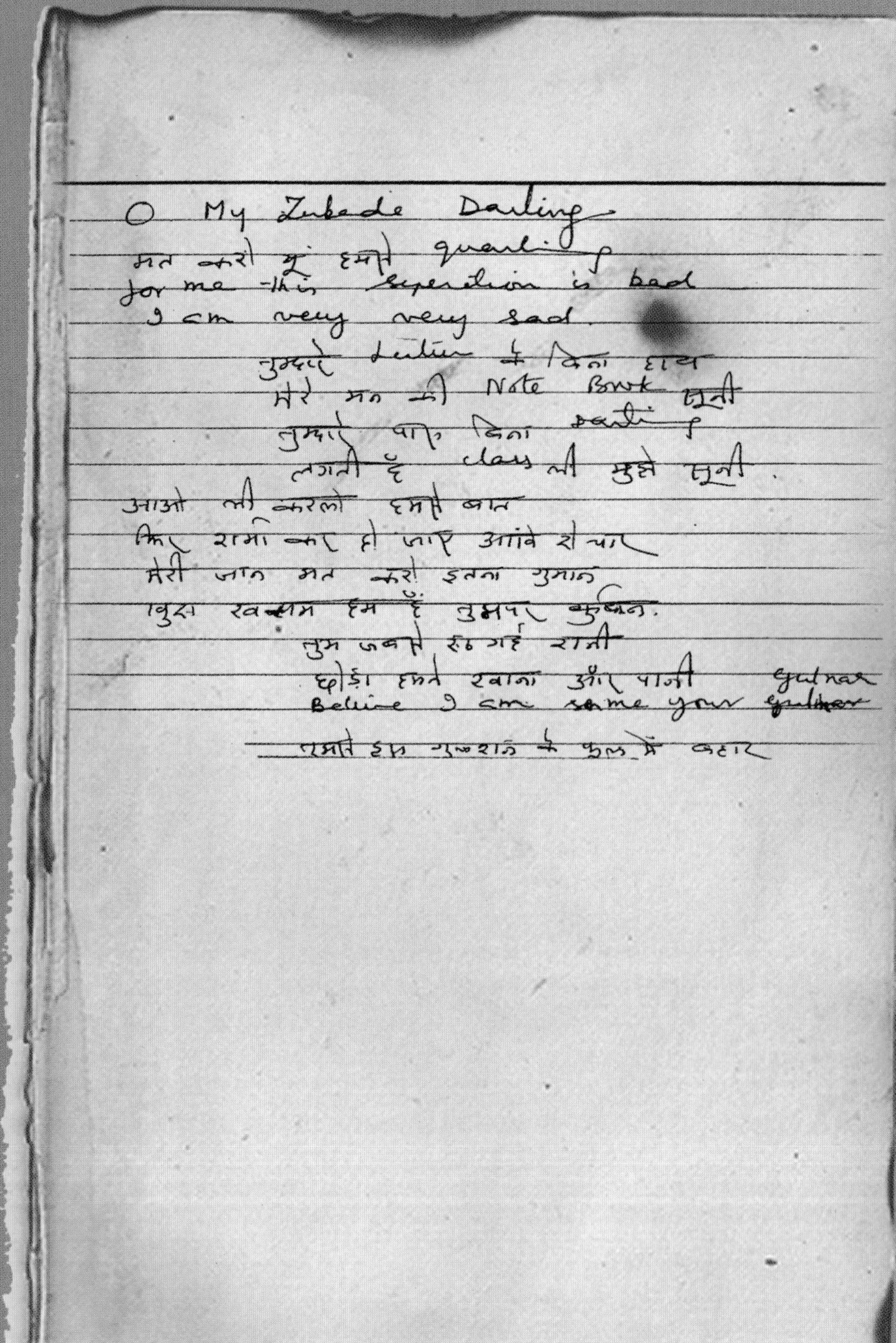

O My Zubede Darling
मत करो यूं हमारे quarreling
for me this superstition is bad
I am very very sad.
तुम्हारे Letter के बिना हाथ
मेरे मन की Note Book सूनी
तुम्हारे प्यार बिना darling
लगती है class भी मुझे सूनी.
आओ भी करलो हमारी बात
फिर शर्मा कर हो जाए आँखें दो चार
मेरी जान मत करो इतना गुमान
खुश रखना हम हैं तुमपर कुर्बान.
तुम जबसे रूठ गई रानी
छोड़ा हमने खाना और पानी Gulnar
Believe I am same your ~~Gulnar~~
हमारे इस गुलशन के फूल में बहार

रूठी सखी

ओ प्रिय जुबैदा,
न हो हमसे तू खफा
न कर मुझसे बेरुखी
हो गई हूँ मैं दुखी,
हो गई हूँ मैं दुखी।

> मेरे मन की नोट बुक में
> पृष्ठ खाली से लगें,
> प्रिय तुम्हारे संग बिन,
> लगता है ये कालेज भी सूना

आओ भी कर लो हमसे बात
फिर शर्मा कर हो जायें आँखें चार
मेरी जान मत करो इतना गुमान
खुदा कसम हम हैं तुम पर कुर्बान

> तुम जब से रूठ गईं रानी
> छोड़ा हमने खाना और पानी
> मान लो, मैं हूँ तुम्हारी गुलजार,
> तुम्हारे इस गुलशन के फूलों की बहार

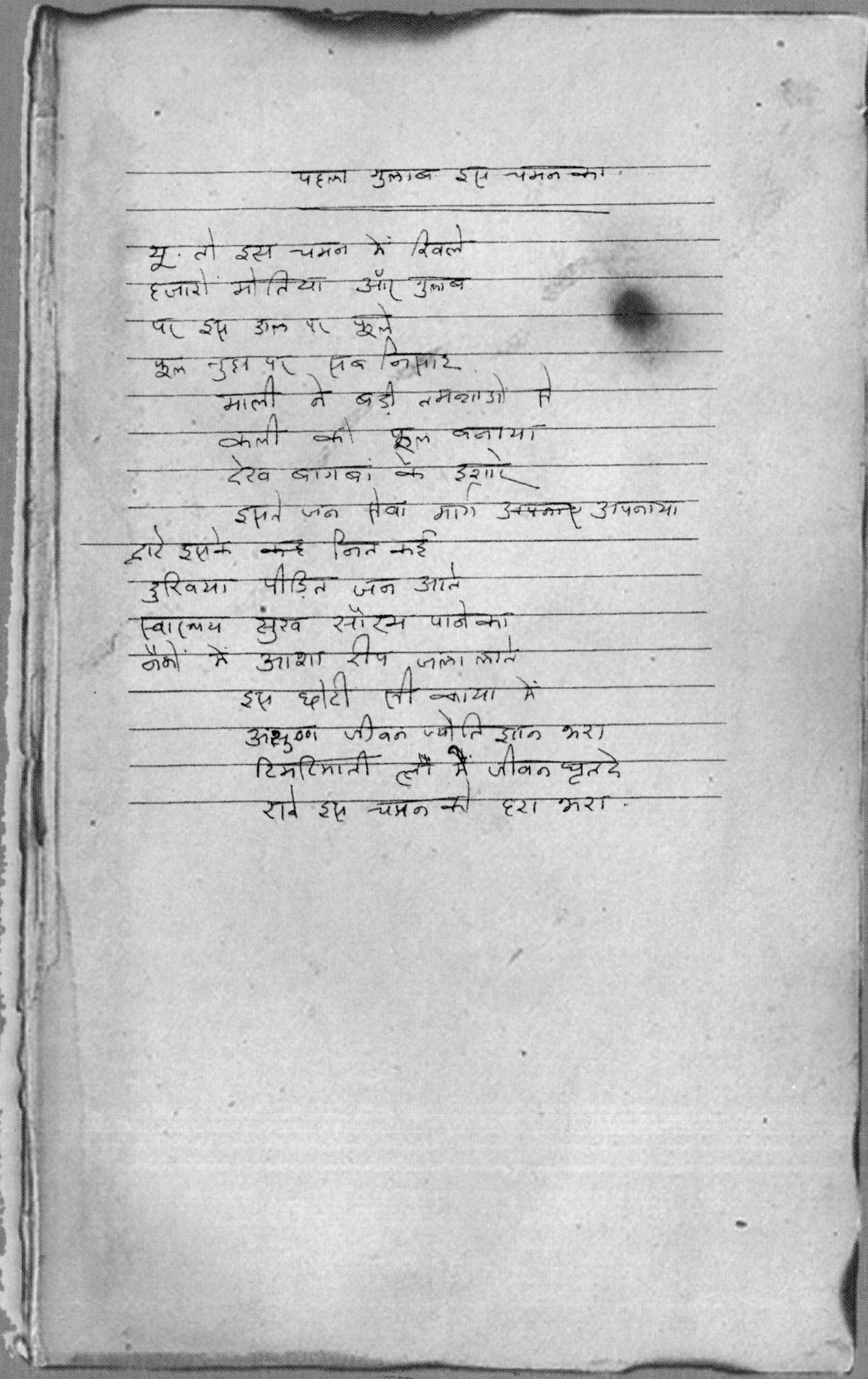

पहला गुलाब इस चमन का

यूं तो इस चमन में खिले
हजारों मोतिया और गुलाब
पर इस डाल पर फूले
फूल तुझ पर सब निसार
माली ने बड़ी तमन्नाओं से
कली को फूल बनाया
देख बागबां के इशारे
इसने जन सेवा मार्ग अपनाया
द्वारे इसके नित कई
दुखिया पीड़ित जन आते
स्वास्थ्य सुख सौरभ पाने को
नैनों में आशा दीप जला लाते
इस छोटी सी काया में
अक्षुण्ण जीवन ज्योति ज्ञान भरा
टिमटिमाती लौ में जीवन घृत दे
रखे इस चमन को हरा भरा।

ज्योतिज्ञान

यूँ तो इस चमन में खिले
हजारों मोतिया और गुलाब
पर इस डाल पर फूले
फूल तुझ पर सब निसार

माली ने बड़ी तमन्नाओं से
कली को फूल बनाया
देख बागबां के इशारे

इसने जन सेवा मार्ग अपनाया
द्वारे इसके निज कई
दुखिया पीड़ित जन आते
स्वास्थ्य सुख सौरभ पाने का
नैनों में आशा दीप जला लाते

इस छोटी सी काया में
अक्षुण्ण जीवन ज्योतिज्ञान भरा
टिमटिमाती लौ में जीवन घृत दे
रखे इस चमन को हरा-भरा

कहीं कुछ चुभता है

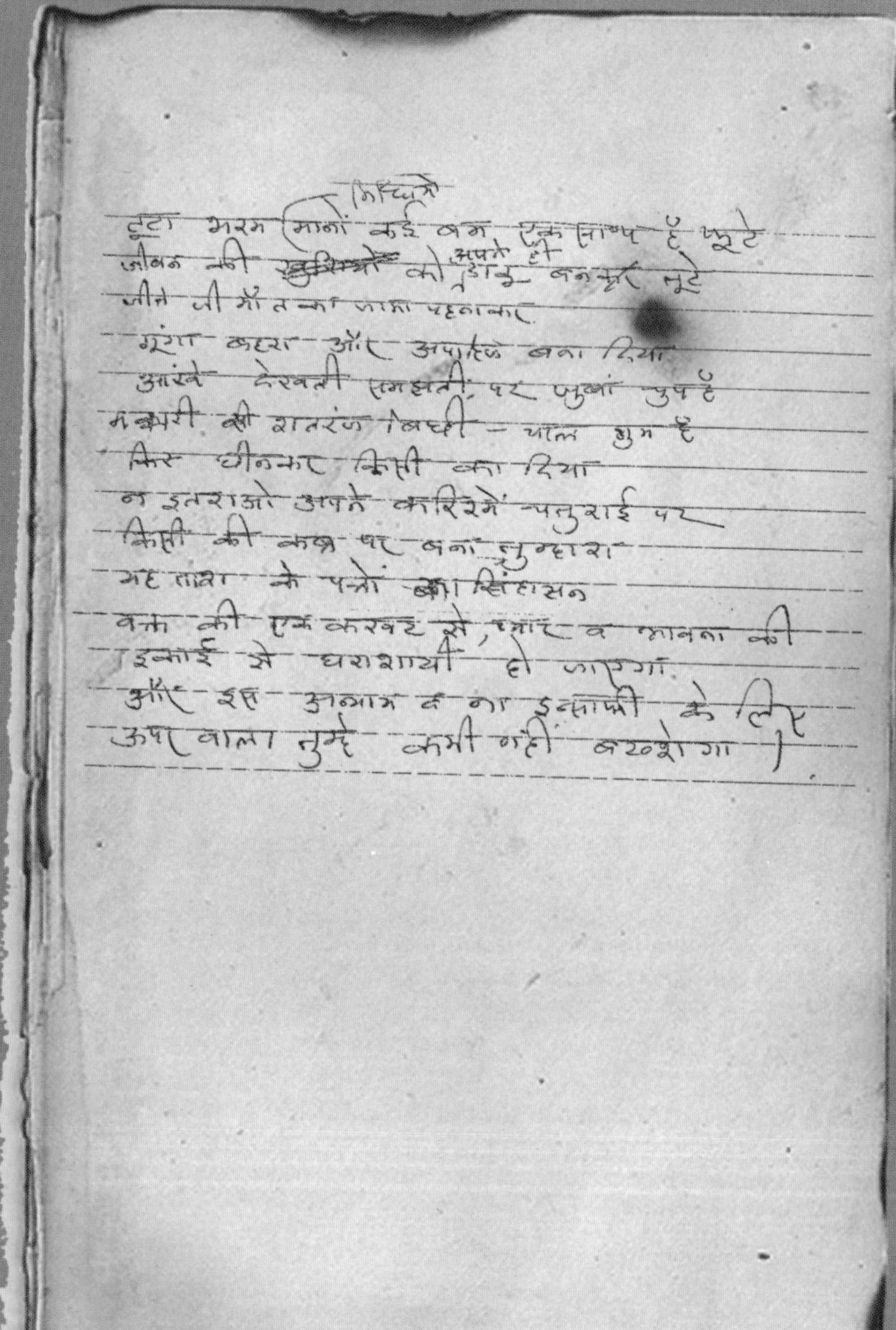
टूटा भरम मानों कई बम एक साथ हैं फूटे
जीवन की खुशियों को अपने ही डाकू बनकर लूटे
जीते जी मौत का जामा पहनाकर
गूंगा बहरा और अपाहिज बना दिया
आंखें देखती समझती, पर जुबां चुप है
मक्कारी की शतरंज बिछी – चाल गुम है
फिर छीनकर किसी का दिया
न इतराओ अपने करिश्मे चतुराई पर
किसी की कब्र पर बना तुम्हारा
यह ताश के पत्तों का सिंहासन
वक्त की एक करवट से, प्यार व भावना की
इकाई से धराशायी हो जाएगा
और इस अमानत व ना इन्साफी के लिए
ऊपर वाला तुम्हें कभी नहीं बख्शेगा।

ताश के पत्तों का सिंहासन

टूटे भरम मानो कई बम एक साथ हैं फूटे
जीवन की निधियों को अपने ही बनकर लूटे
जीते जी मौत का जामा पहनकर
गूँगा बहरा और अपाहिज बना दिया
आँखें देखती समझती, पर जुबां चुप हैं
मक्कारी की शतरंज बिछी - चाल गुम है
छीनकर किसी का दिया
न इतराओ अपने करिश्मे चतुराई पर
किसी की कब्र पर बना तुम्हारा
यह ताश के पत्तों का सिंहासन
वक्त की एक करवट से, प्यार व भावना की
इकाई से धराशायी हो जायेगा
और इस अन्याय व ना इंसाफी के लिए
ऊपर वाला तुम्हें कभी नहीं बख्शेगा।

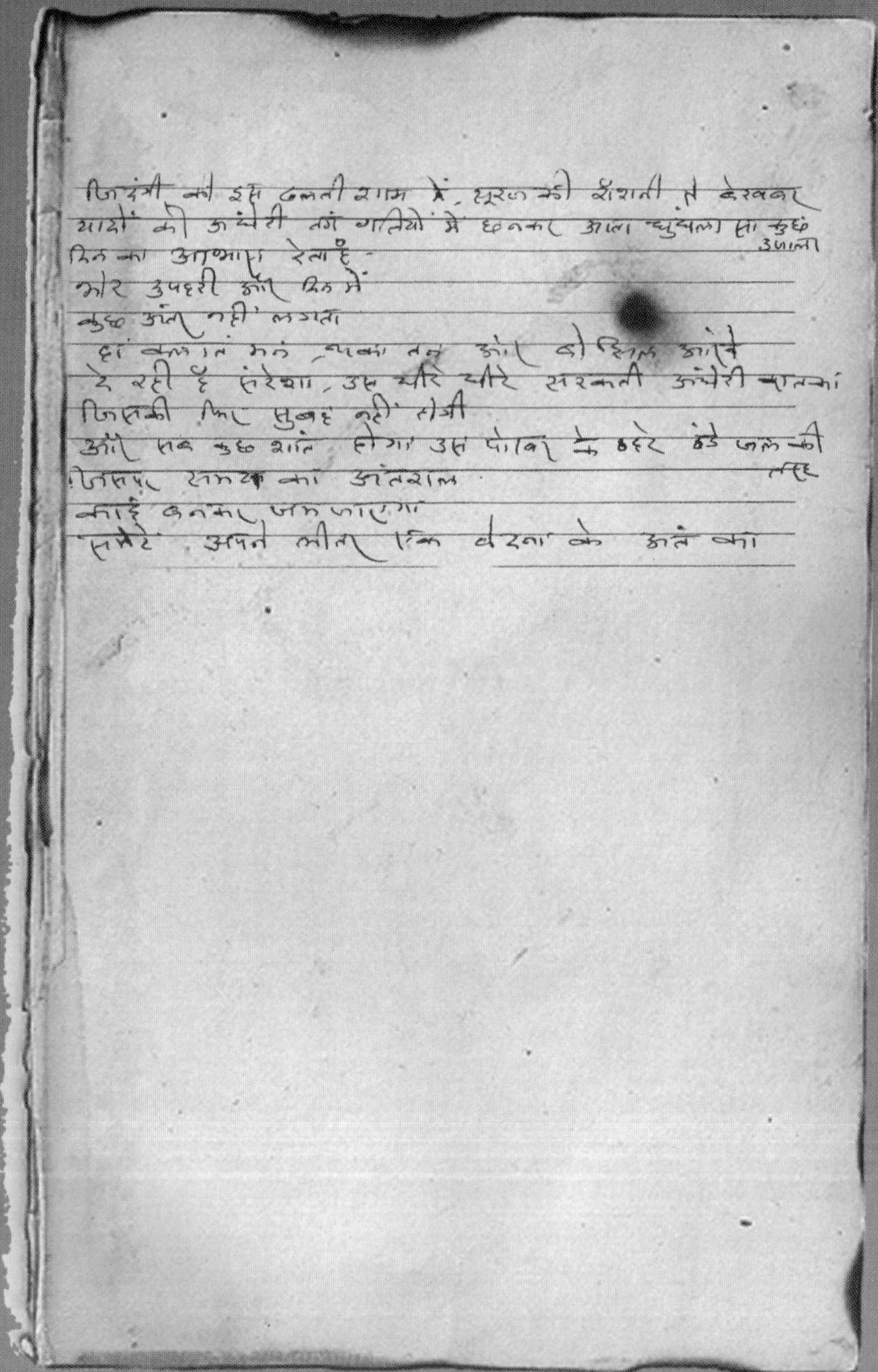

जिंदगी की इस ढलती शाम में, सूरज की रोशनी से बेखबर
यादों की अंधेरी तंग गलियों में छनकर आता धुंधला सा कुछ उजाला
दिन का आभास देता है-
और दुपहरी और दिन में
कुछ अंतर नहीं लगता
हां व्याकुल मन, थका तन और बोझिल आंखें
दे रही हैं संदेशा, उस धीरे धीरे सरकती अंधेरी रात का
जिसकी फिर सुबह नहीं होगी
और सब कुछ शांत होगा उस पोखर के ठहरे ठंडे जल की तरह
जिसपर समय का अंतराल
काई बनकर जम जाएगा
समेटे अपने भीतर हर वेदना के अंत का

डाक वेदना

जिन्दगी की इस ढलती शाम में, सूरज की रौशनी से बेखबर
यादों की अँधेरी तंग गलियों में छनकर आता धुँधला सा कुछ उजाला
दिन का आभास देता है
भोर दुपहरी और दिन में
कुछ अन्तर नहीं लगता
है क्लांत मन, थका तन, और बोझिल आँखें
दे रही हैं सन्देशा, उस धीरे-धीरे सरकती अँधेरी रात का
जिसकी फिर सुबह नहीं होगी
और सब कुछ शान्त होगा उस पोखर के ठहरे ठंडे जल की तरह
जिस पर समय का अन्तराल
काई बन कर जम जाएगा।
समेटे अपने भीतर एक वेदना के अन्त का

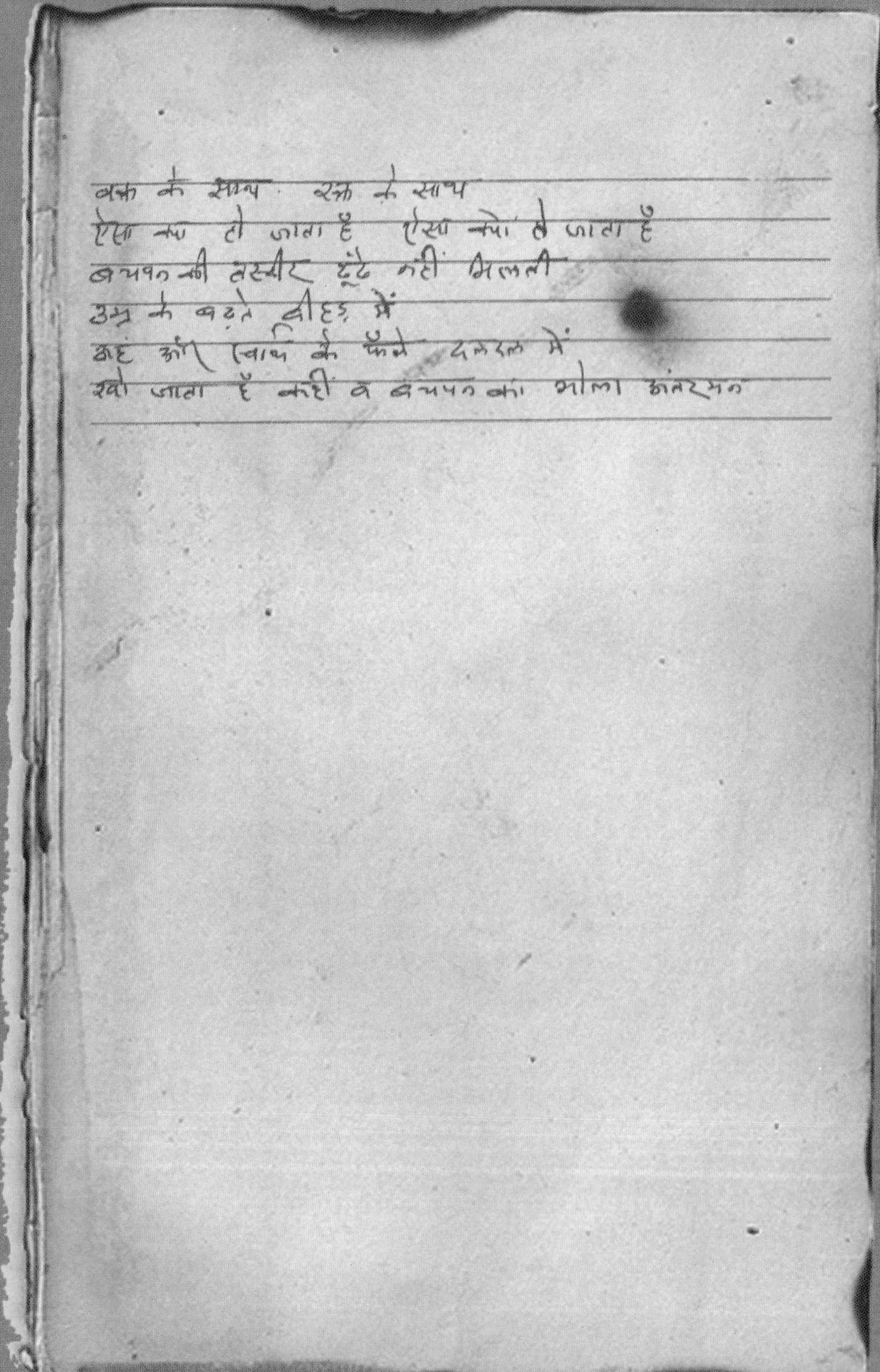
वक्त के साथ रक्त के साथ
ऐसा क्यों हो जाता है ऐसा क्यों हो जाता है
बचपन की तस्वीर ढूंढे नहीं मिलती
उम्र के बढ़ते बीहड़ में
कद और स्वार्थ के फैले दलदल में
खो जाता है कहीं वो बचपन का भोला अंतरमन

बीहड़

वक्त के साथ रक्त के साथ
ऐसा क्या हो जाता है ऐसा क्यों हो जाता है
बचपन की तस्वीर ढूँढ़े नहीं मिलती
उम्र के बढ़ते बीहड़ में
अहं और स्वार्थ के फैले दलदल में
खो जाता है कहीं बचपन का भोला अन्तरमन

स्नेह सुधा से सरक्षित अलकनन्दा थी मेरी जीवन धारा
किन दूषित बाणों ने किया शोषित जीवन प्राण सारा

दे गया अंतहीन वेदना, चला जो तीर कलेजे पर ऐसा
स्पन्दहीन मूक दर्शक मैं, मेरा मरम का तमाशा।

जीवन यात्रा

स्नेह सुधा से सरसित अलकनन्दा सी मेरी जीवन यात्रा
किन दूषित बाणों ने किया शोषित जीवन प्राण सारा
दे गया अन्तहीन वेदना, चला जो तीर कलेजे पर ऐसा
स्पन्दहीन मूक दर्शक मैं, मेरा भरम बना तमाशा

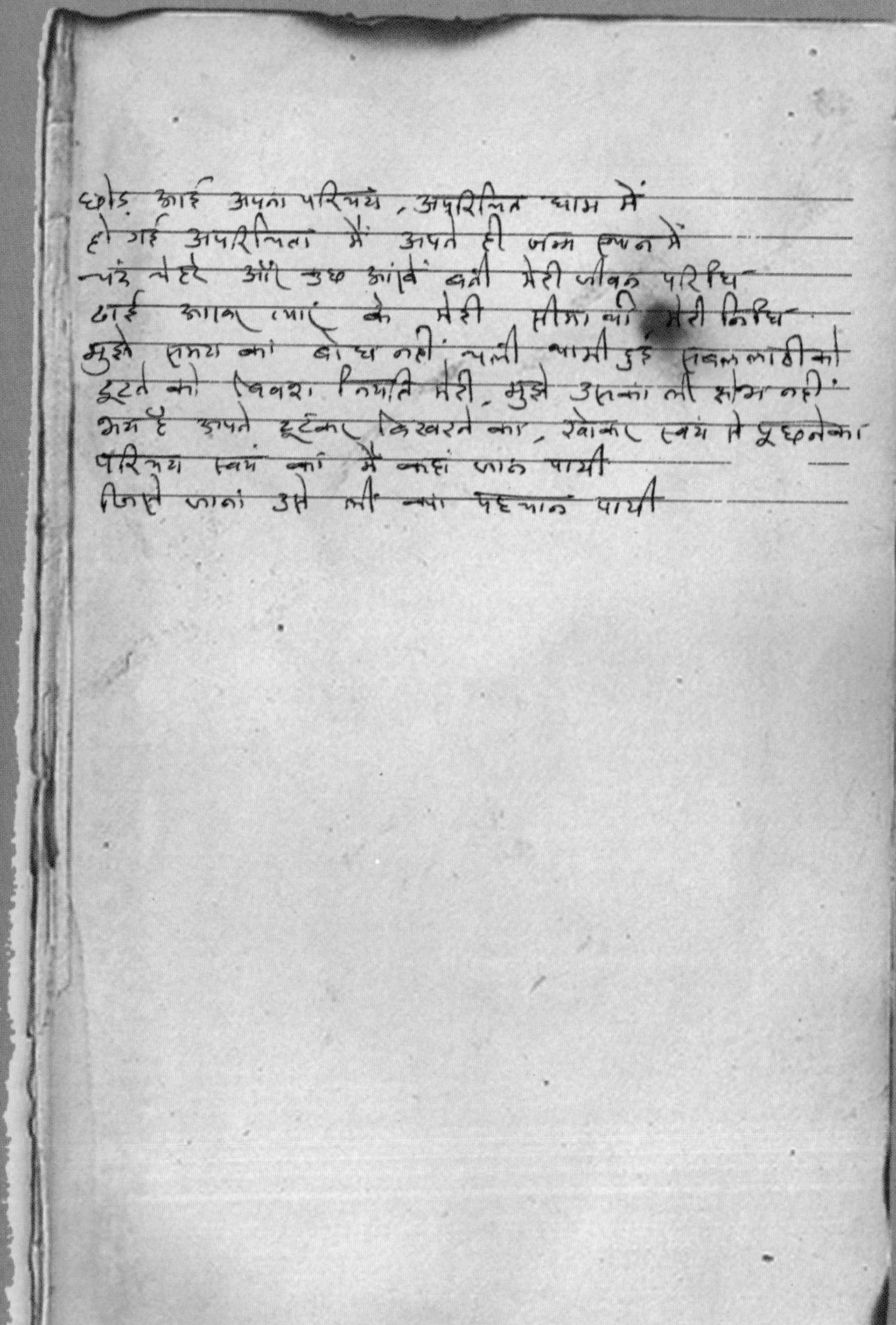

छोड़ आई अपना परिचय, अपरिचित धाम में
हो गई अपरिचिता मैं अपने ही जन्म स्थान में
चंद लहरें औ' कुछ आँखें बनीं मेरी जीवन परिधि
छाई आकर सागर के मेरी सीमा की मेरी निधि
मुझे समय का बोध नहीं चली थामी हुई सबलता ही को
टूटने को विवश नियति मेरी, मुझे उसका भी क्षोभ नहीं
भय है अपने टूटकर बिखरने का, खोकर स्वयं से पूछने का
परिचय स्वयं का मैं कहां जान पायी
जिसे जाना उसे भी क्या पहचान पायी

जीवन परिधि

छोड़ आये अपना परिचय, अपरिचित धाम में
हो गई अपरिचित मैं अपने ही जन्म स्थान में
चन्द चेहरे और कुछ आँखें बनीं मेरी जीवन परिधि
ढाई आखर प्रेम के मेरी सीमा थी, मेरी निधि
मुझे समय का बोध नहीं चली थामी हुई सबल लाठी को
टूटने को विवश नियति मेरी, मुझे उसका भी क्षोभ नहीं।
भ्रम है अपने टूटकर बिखरने का, स्वयं से पूछने का
परिचय स्वयं का मैं कहाँ जान पायी
जिसे जाना उसे भी क्या पहचान पायी

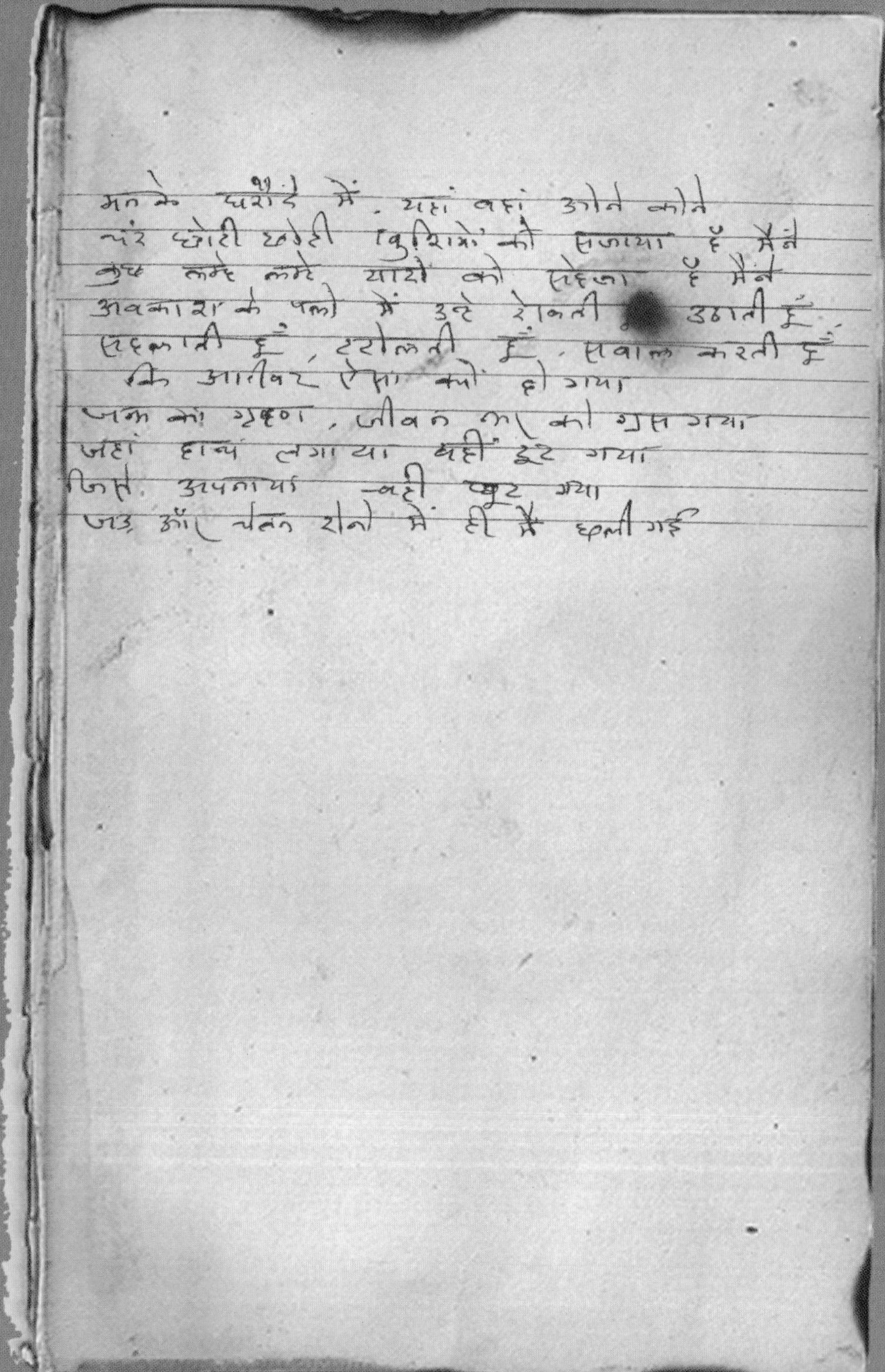
मन के घरौंदे में, यहां वहां कोने कोने
और छोटी छोटी खुशियों को सजाया है मैंने
कुछ लम्हे लम्हे यादों को सहेजा है मैंने
अवकाश के पलों में उन्हें खोलती उठाती हूं
सहलाती हूं, टटोलती हूं, सवाल करती हूं
कि आखिर ऐसा क्यों हो गया
जन्म को गृहण, जीवन भर को ग्रस गया
जहां हाथ लगाया वहीं टूट गया
जिसे अपनाया वही छूट गया
जड़ और चेतन दोनों में ही मैं छली गई

जड़ और चेतन

मन के घरोंदे में, यहाँ वहाँ ओने-कोने
चन्द छोटी छोटी खुशियों को सजाया है मैंने
कुछ लम्हे लम्हे यादों को सहेजा है मैंने
अवकाश के पलों में उन्हें देखती हूँ, उठाती हूँ
सहलाती हूँ, टटोलती हूँ, सवाल करती हूँ
कि आखिर ऐसा क्यों हो गया
जन्म का ग्रहण, जीवन भर को ग्रस गया
जहाँ हाथ लगाया वहीं टूट गया
जिसे अपनाया वहीं छूट गया
जड़ और चेतना दोनों में ही छली गई

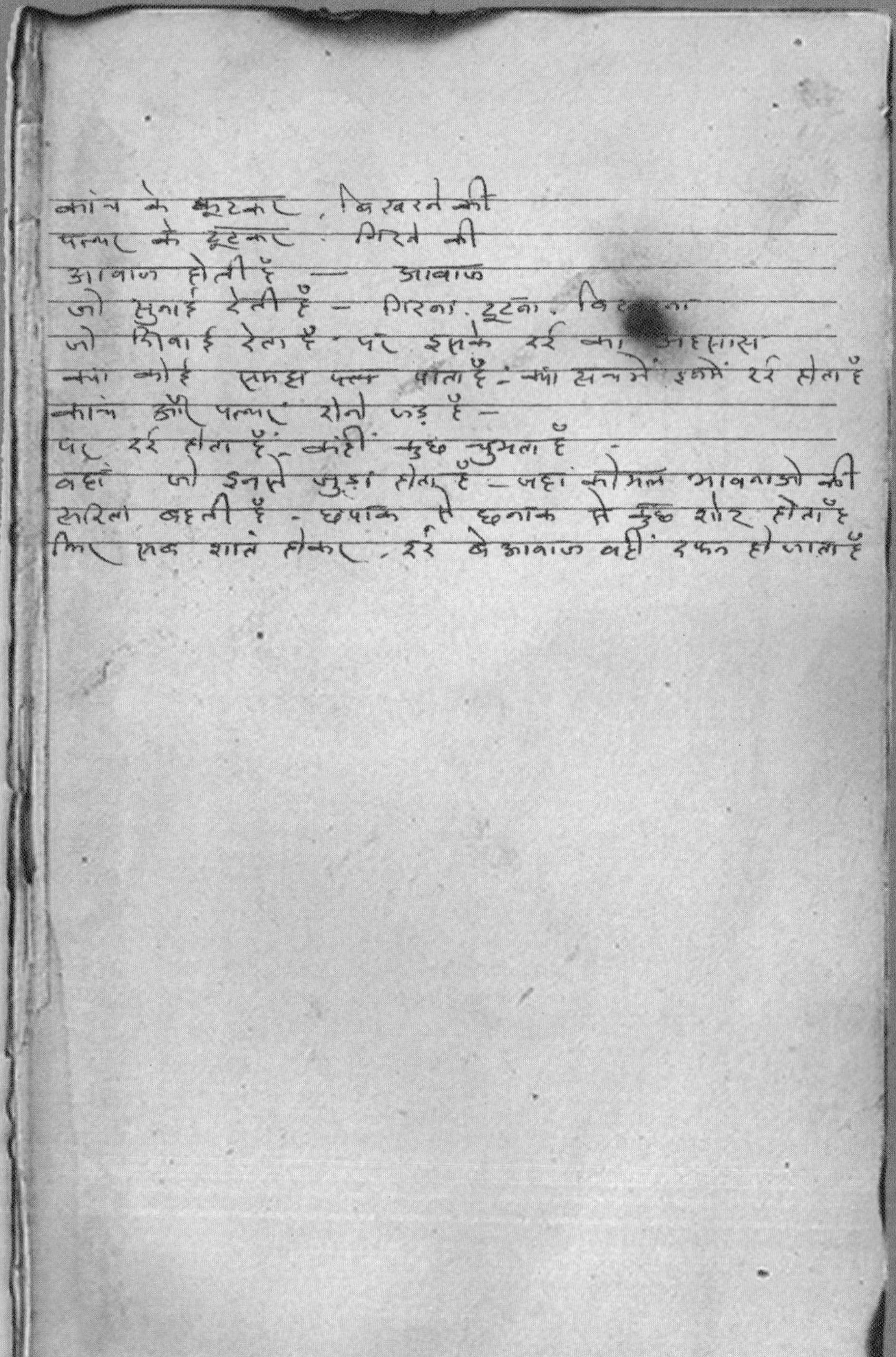
काँच के छूटकर, बिखरने की
पत्थर के टूटकर, गिरने की
आवाज होती है — आवाज
जो सुनाई देती है — गिरना, टूटना, बिखरना
जो दिखाई देता है - पर इसके दर्द का अहसास
क्या कोई समझ पाता है - क्या सचमें इनमें दर्द होता है
काँच और पत्थर दोनों जड़ हैं —
पर दर्द होता है - कहीं कुछ चुभता है -
वहाँ जो इनसे जुड़ा होता है - जहाँ कोमल भावनाओं की
सरिता बहती है - छपाक से छनाक से कुछ शोर होता है
फिर एक शांत होकर, दर्द बेआवाज वहीं दफन हो जाता है

छपाक्

काँच के टूटकर, बिखरने की
पत्थर के टूटकर, गिरने की
आवाज होती है—आवाज
जो सुनाई देती है—गिरना, टूटना, बिखरना
जो दिखाई देती है, पर इसके दर्द का अहसास
क्या कोई समझ पाता है—क्या सच में इनमें दर्द होता है
काँच और पत्थर रोते पड़े हैं—
पर दर्द होता है—कहीं कुछ चुभता है
वहाँ जो इनसे जुड़ा होता है—जहाँ कोमल भावनाओं की
सरिता बहती है, छपाक से, छनाक से कुछ शोर होता है
फिर सब शान्त होकर, दर्द बेआवाज कहीं दफन हो जाता है

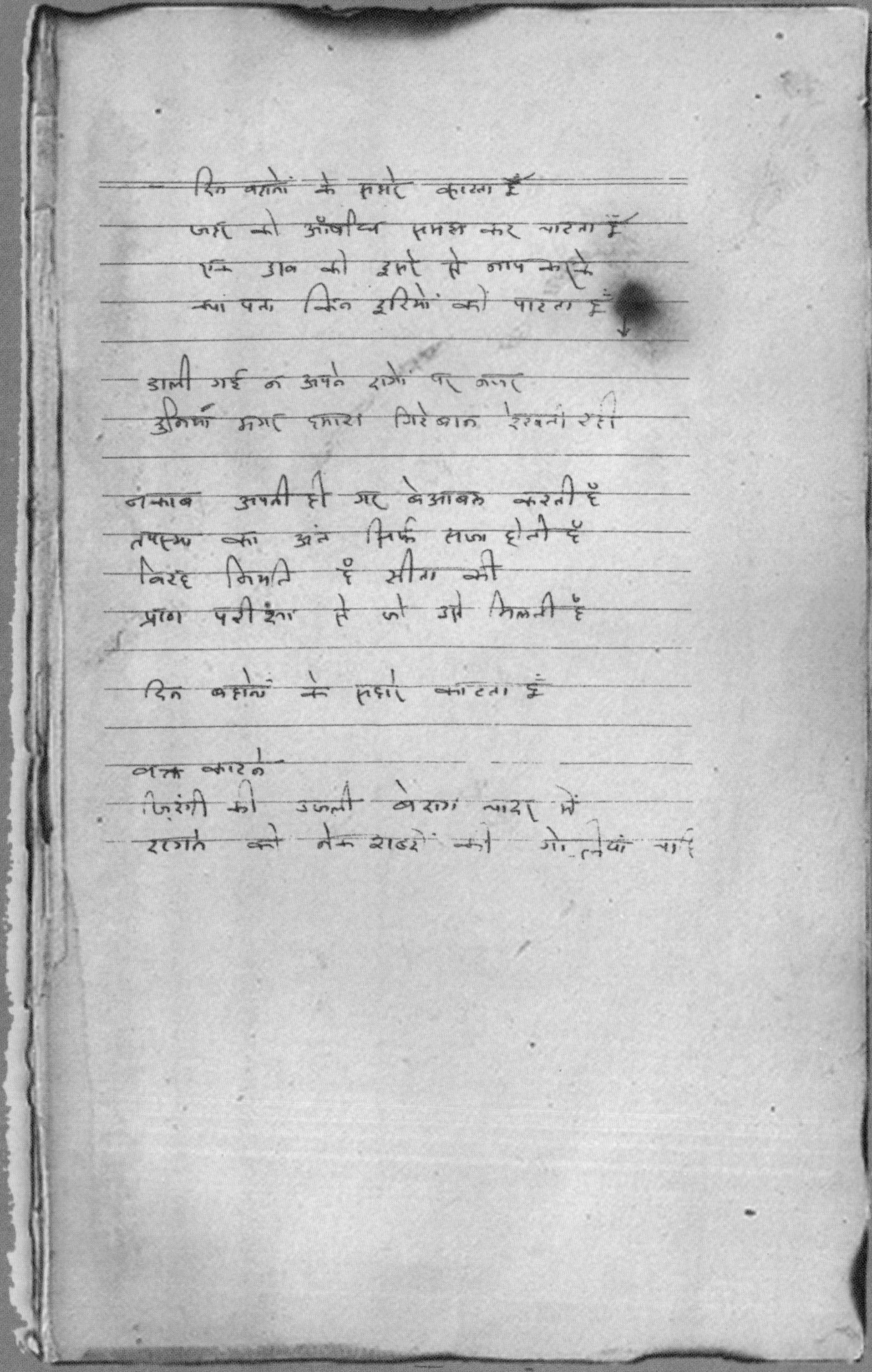

दिन बहानों के सहारे काटता हूँ
ज़हर को औषधि समझ कर चाटता हूँ
एक उम्र को दूरी से नाप करके
क्या पता किन दूरियों को पाटता हूँ

डाली गई न अपने हाथों पर कभी
दुनियाँ मगर हमारा गिरेबान खींचती रही

नकाब अपनी ही मर बेआबरू करती है
तपस्या का अंत सिर्फ सज़ा होती है
विरह नियति है सीता की
प्राण परीक्षा से जो उसे मिलती है

दिन बहानों के सहारे काटता हूँ

वक़्त काटने
ज़िंदगी की उजली बेरंग चादर में
रंगने को नेक शब्दों की गोलियाँ चा

रेत पर बीज

दिन बहानों के सहारे काटता हूँ
जहर को औषधि समझकर चाटता हूँ
एक दुख को दूसरे से नाप करके
क्या पता किन दूरियों को पाटता हूँ।
डाली गयी न अपने दागों पर नजर
दुनिया मगर हमारा गिरेबान देखती रही
नकाब अपनी ही गर बेआबरू करती है
तपस्या का अर्थ सिर्फ सजा होती है
विरह नियति है सीता की
प्राण परीक्षा से जो उसे मिलती है।

दिन बहानों के सहारे काटता हूँ
वक्त चाटने
जिन्दगी की उजली बेदाग चादर में
थकते ना मन काँपते
दागते दागते न हाथ न मन हाँफता
अपने अश्रुमोती की आँख से हर राग धोती
हर राग से एक बन्धन तोड़ के, स्वयं को तुमसे और जोड़ती
बदनसीबी की बजरी रेत पर बीज नसीब के बोती

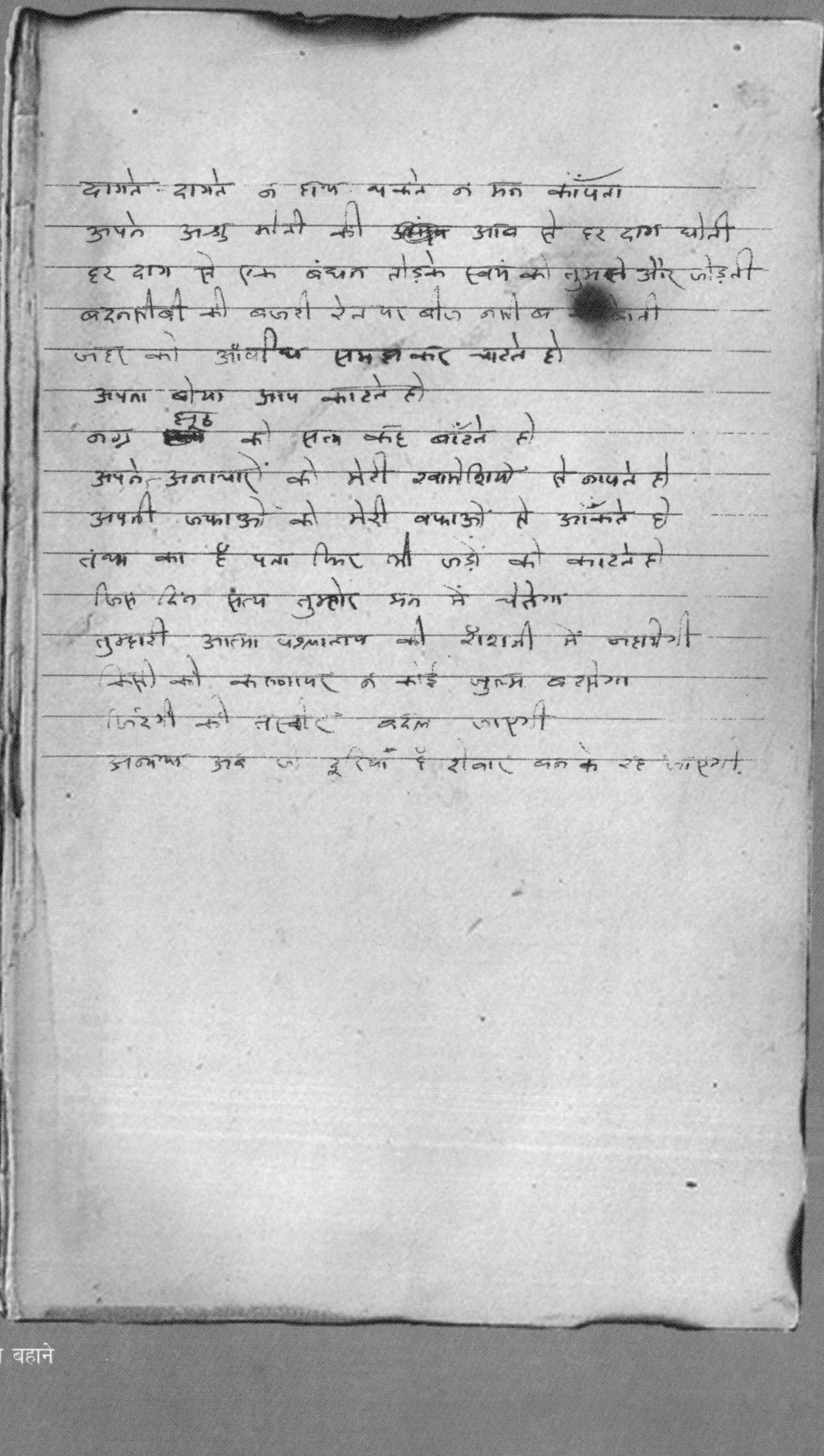
दागते दागते न हाथ थकते न मन कांपता
अपने अश्रु मोती की आंच से हर दाग धोती
हर दाग से एक बंधन तोड़के स्वयं को तुमसे और जोड़ती
बदनसीबी की बजरी रेत पर बीज नसीब [illegible]ती
[illegible] को आँख[illegible] समझ कर काटते हो
अपना बोया आप काटते हो
नग्न झूठ को सत्य कह बाँटते हो
अपने अत्याचारों को मेरी ख्वाहिशों से नापते हो
अपनी जफाओं को मेरी वफाओं से आँकते हो
सत्य का है पता फिर भी जड़ों को काटते हो
जिस दिन सत्य तुम्हारे मन में चेतेगा
तुम्हारी आत्मा पश्चाताप की रोशनी में नहायेगी
किसी को [illegible] न कोई जुल्म करेगा
जिंदगी की तस्वीर बदल जाएगी
[illegible] अब जो दुनियाँ में [illegible] बन के रह जायगा.

जहर को औषधि समझ कर चाटते हो
अपना बोया आप काटते हो
नग्न झूठ को सत्य कह बाँटते हो
अपने अनाचारों को मेरी खामोशियों से नापते हो
अपनी जफाओं को मेरी वफाओं से आँकते हो
तथ्य का है पता फिर भी जड़ों को काटते हो

जिस दिन सत्य तुम्हारे मन में चेतेगा
तुम्हारी आत्मा पश्चात्ताप की रौशनी में नहायेगी
किसी की करुणा पर न कोई जुल्म बरसेगा
जिन्दगी की तस्वीर बदल जाएगी
अन्यथा अब जो दूरियाँ हैं
दीवार बन के रह जाएगी

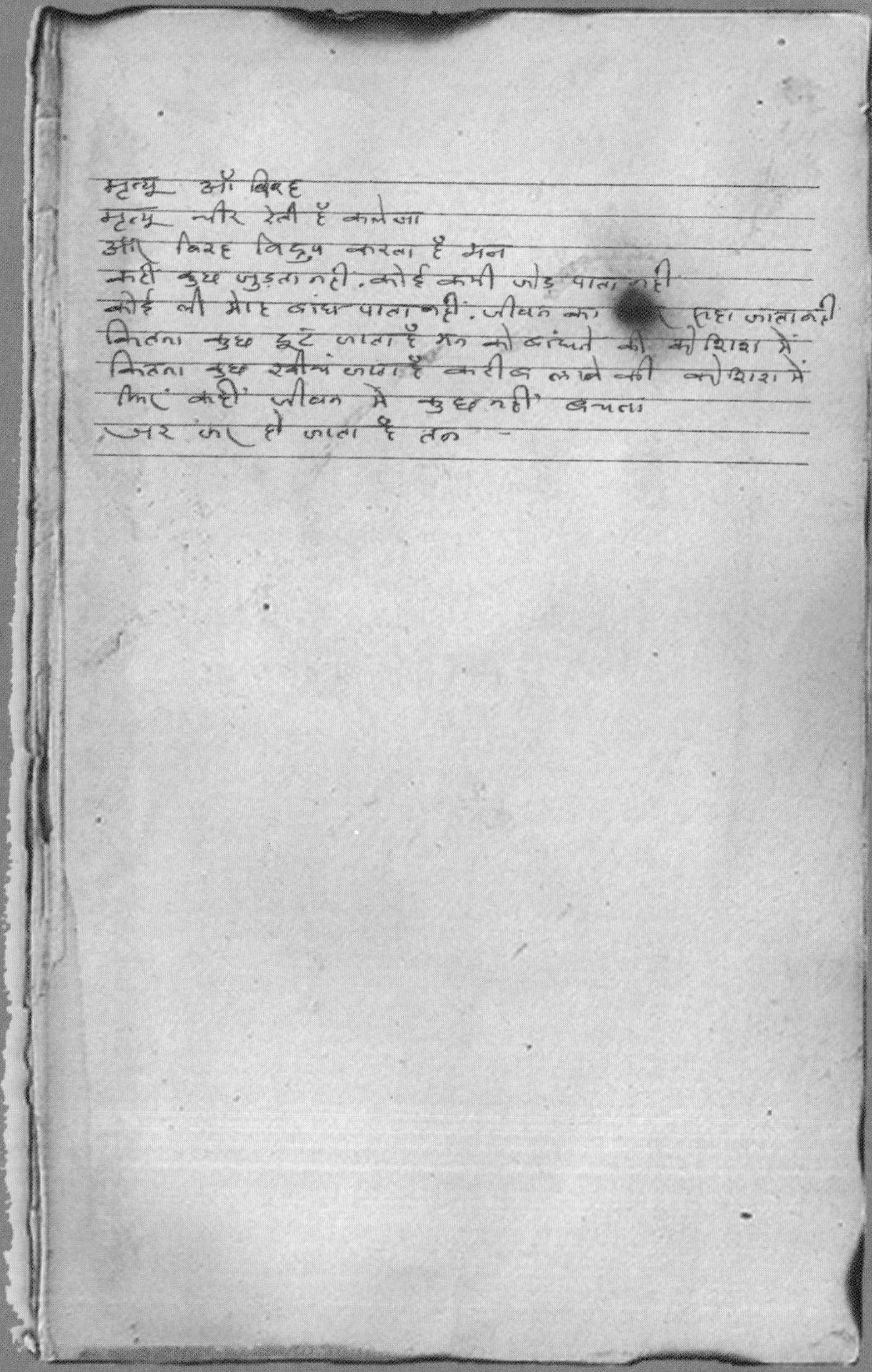
मृत्यु औ' बिरह
मृत्यु चीर देती है कलेजा
और बिरह विद्रूप करता है मन
कहीं कुछ जुड़ता नहीं. कोई कभी जोड़ पाता नहीं
कोई भी मोह बांध पाता नहीं. जीवन का [illegible] छूटा जाता नहीं
कितना कुछ छूट जाता है मन को बांधने की कोशिश में
कितना कुछ खींच जाता है करीब लाने की कोशिश में
फिर कहीं जीवन में कुछ नहीं बचता
जर जर हो जाता है तन -

धुएँ सा जीवन

मृत्यु औ विरह
मृत्यु चीर देती है कलेजा
और विरह विद्रूप करता है मन
कहीं कुछ जुड़ता नहीं, कोई कभी जोड़ पाता नहीं
कोई भी मोह बाँध पाता नहीं, जीवन का भार सहा जाता नहीं
कितना कुछ टूट जाता है मन को बाँधने की कोशिश में
फिर कहीं जीवन में कुछ नहीं बचता
जल कर हो जाता है तन
धुएँ-सा जीवन

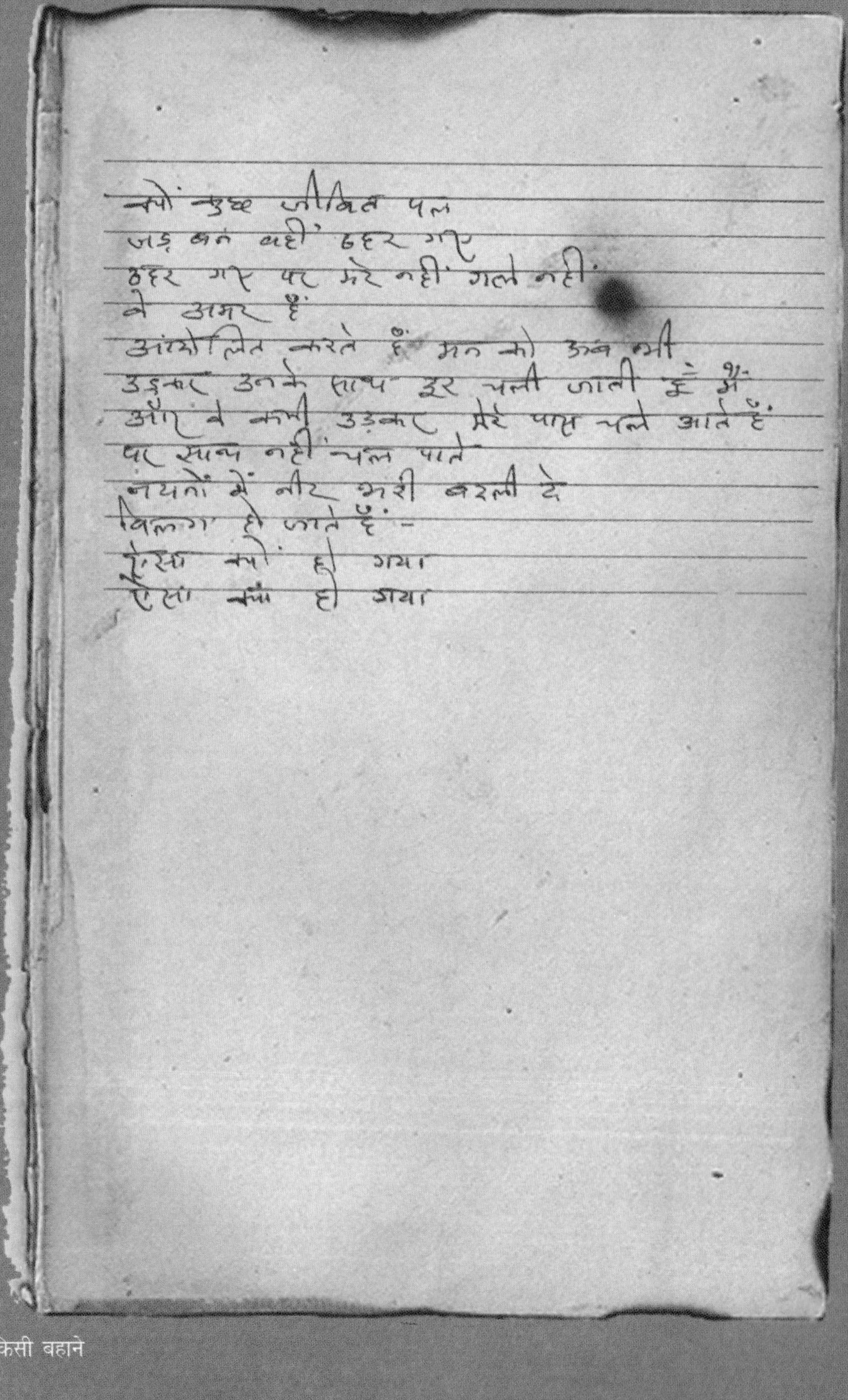

क्यों कुछ जीवित पल
जड़ बन वहीं ठहर गए
ठहर गए पर मरे नहीं गले नहीं
वे अमर हैं
आंदोलित करते हैं मन को अब भी
उड़कर उनके साथ दूर चली जाती हूँ मैं
और वे कभी उड़कर मेरे पास चले आते हैं
पर साथ नहीं चल पाते
नयनों में नीर भरी बदली से
विलग हो जाते हैं -
ऐसा क्यों हो गया
ऐसा क्यों हो गया

ठहरे पल

क्यों कुछ जीवित पल
जड़ बन कहीं ठहर गये
ठहर गये पर मरे नहीं गले नहीं
वे अमर हैं
आन्दोलित करते हैं मन को अब भी
उड़कर उनके साथ दूर चली जाती हूँ मैं
और वे कभी उड़कर मेरे पास चले आते हैं
पर साथ नहीं चल पाते
नयनों में नीर भरी बदली दे
विलग हो जाते हैं
ऐसा क्यों हो गया
ऐसा क्यों हो गया

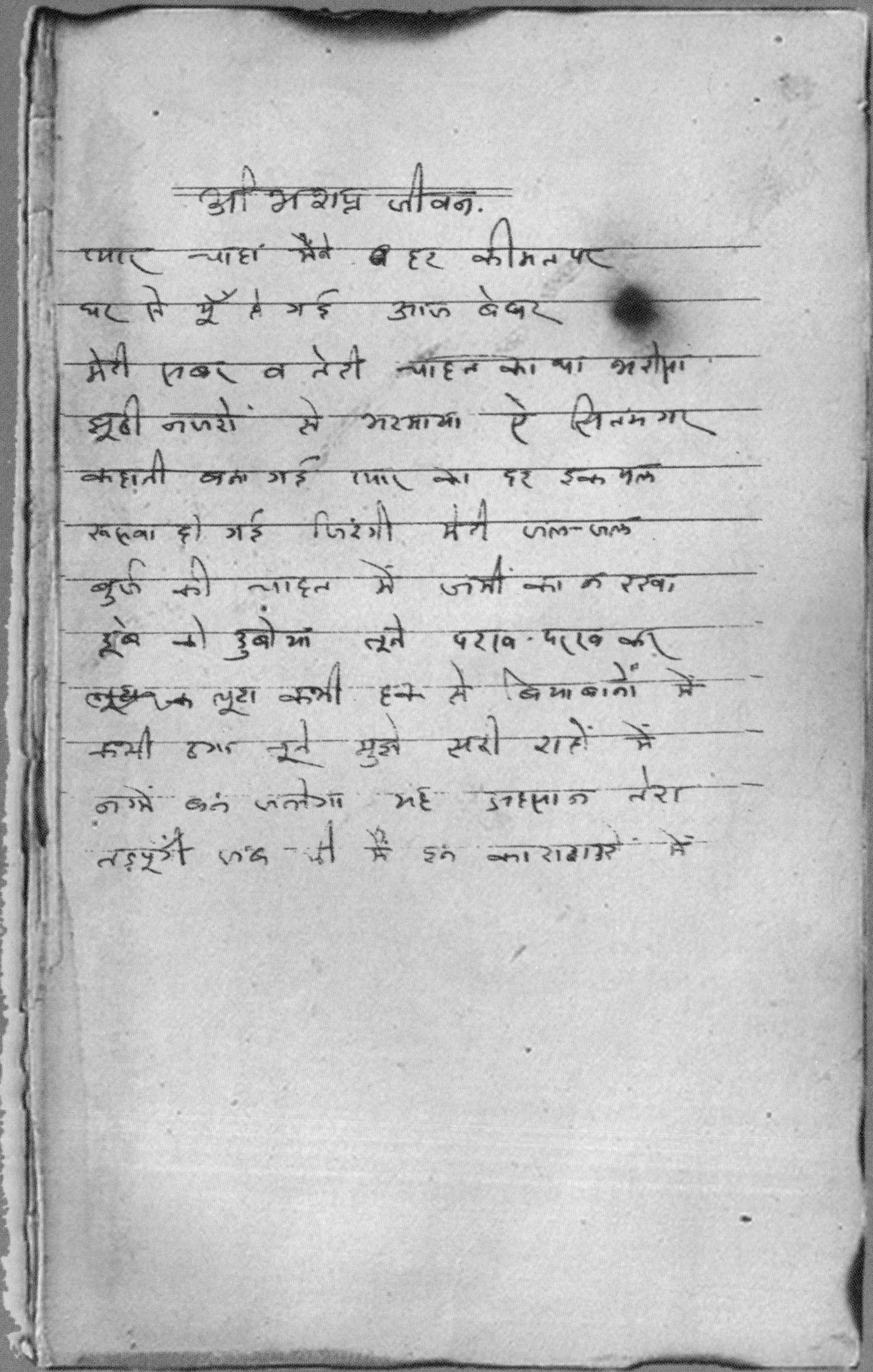
ओ! अभिशप्त जीवन.

प्यार चाहा मैंने हर कीमत पर
घर से यूँ ले गई आज बेघर
मेरी खबर व तेरी चाहत का था नतीजा
झूठी नजरों से अरमानों ऐ सितमगर
कहानी बन गई प्यार की हर इक पल
रुसवा हो गई जिंदगी मेरी जल-जल
कुर्ज की चाहत में जमीं का न रखा
डूब को डुबोया तूने शराब-शराब का
लूटा कभी इन के बियाबानों में
कभी ठगा तूने मुझे सरी राहों में
जागें कब जलेगा यह अहसान तेरा
तड़पूँगी जब जी मैं इन कारागारों में

मेरे सब्र

प्यार चाहा मैंने हर कीमत पर
घर से यूँ हो गई आज बेघर
मेरे सबर व तेरी चाहत का था भरोसा
एक ही नजरों से भरमाया ए सितमगर

कहानी बना गई प्यार का हर पल
रुसवा हो गयी जिन्दगी मेरी जल जल
बुर्ज की चाहत में जमीं का न रखा
डूबे को डुबोया तूने पहले परख कर

लूटा कभी हक से बियाबानों में
कभी ठगा तूने मुझे सरे राहों में
नग्मे बन जन्मेगा यह अहसान तेरा
तड़पूँगी जब भी मैं इन कारागारों में।

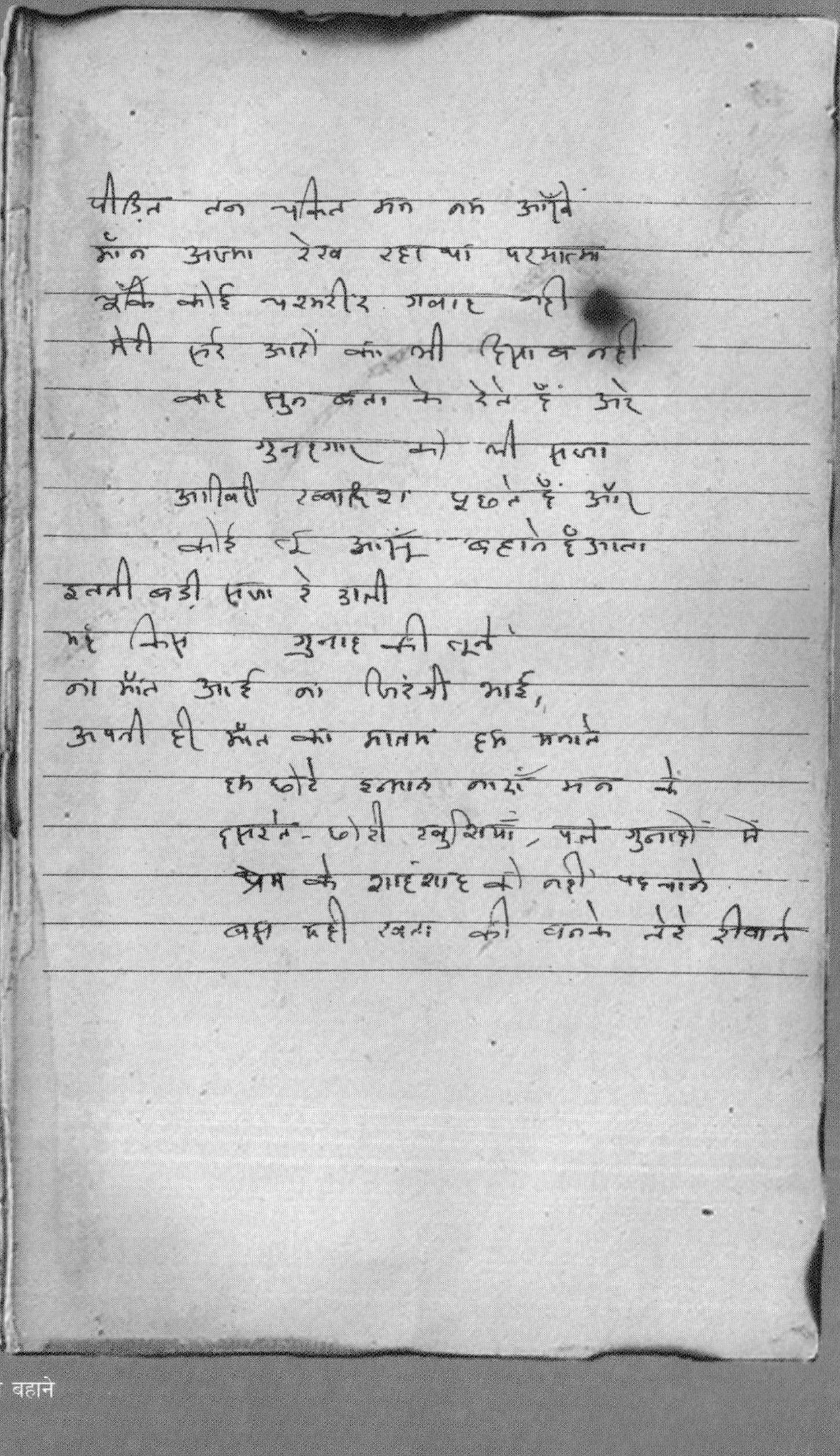
पीड़ित तन चकित मन नम आँखें
मौन अपना देख रहा था परमात्मा
क्योंकि कोई [illegible] गवाह नहीं
मेरी दर्द आहों का भी हिसाब नहीं
कह सुन बता के देते हैं और
गुनहगार को भी सजा
आखिरी ख्वाहिश पूछते हैं और
कोई दो आँसू बहाने हैं आता
इतनी बड़ी सजा दे डाली
मैं किस गुनाह की तूने
ना मौत आई ना जिंदगी भाई,
अपनी ही मौत का मातम हम मनाते
हम छोटे इन्सान कहाँ मन के
हसरतें- छोटी खुशियाँ, पले गुनाहों में
प्रेम के शहंशाह को नहीं पहचाने
बस यही खता की बनके तेरे दीवाने

ख़याल में

पीड़ित तन चकित मन नम आँखें
मौन आत्मा देख रहा था परमात्मा
चूँकि कोई चश्मदीद गवाह नहीं
मेरी सर्द आहों का भी हिसाब नहीं
कह सुन बता के देते हैं अरे
गुनहगार को भी सजा
आखिरी ख़्वाहिश पूछते हैं और
कोई तो आँसू है बहाने आता
इतनी बड़ी सजा दी डाली
यह किस गुनाह की तूने
ना मौत आई न ज़िन्दगी भाई
अपनी ही मौत का मातम हम मनाते
हम छोटे इन्सान नादान मन के
हसरतें छोटी खुशियाँ पले गुनाहों में
दर्द के शहंशाह को नहीं पहचाने
बस यही खता की बन के तेरे दीवाने

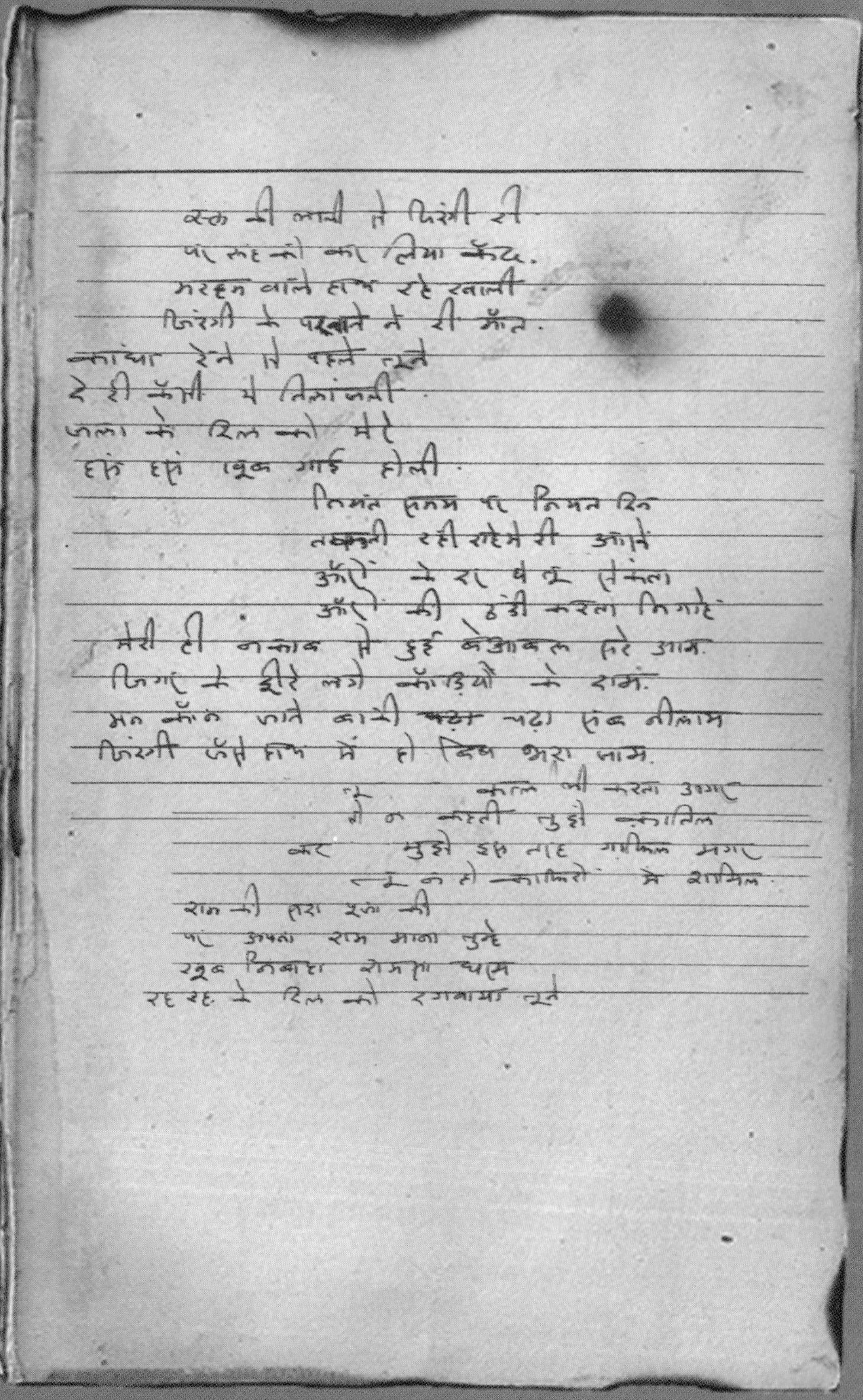

एक की लाली से ज़िंदगी दी
पर रूह को कर लिया कैद.
मरहम वाले हाथ रहे खाली
ज़िंदगी के परवाने ने दी मौत.
कांधा देने से पहले तूने
दे दी कोख में तिलांजली.
जला के दिल को मेरे
हँस हँस खेल गई होली.
किस्मत कलम पर किस्मत दिन
तकती रही राहें मेरी आँखें
आँखों के दर पे तू सिसकता
आँखों की ठंडी करता निगाहें
मेरी ही नकाब से हुई बेआबरू सरे आम.
जिगर के हीरे लगे कौड़ियों के दाम.
मन काँप जाते काली चढ़ा एक नीलाम
ज़िंदगी मौत हाथ में दे दिया मेरा नाम.
तू कातिल भी करता अगर
तो न कहती तुझे कातिल
कर मुझे इस तरह गाफ़िल मगर
तू न हो काफ़िरों में शामिल.
राम की तरह पूजा की
पर अपना राम माना तुझे
खूब निबाहा रोज़ा धर्म
रह रह के दिल को रुलाया तूने

इंतज़ार

रक्त की लाली से ज़िन्दगी दी
पर रूह को कर लिया कैद
मरहम वाले हाथ रहे खाली
ज़िन्दगी के परवाने ने दी मौत

काँधा देने से पहले तूने
दे दी कैसी ये तिलांजलि
जला के दिल को मेरे
हँस हँस खूब गाई होली।

नियत समय पर नियत दिन
तकती रहीं राहें मेरी आँखें
औरों के दर पे तू सेंकता
औरों की ठण्डी करता निगाहें

मेरी ही नकाब से हुई बेआबरू सरेआम
जिगर के हीरे लगे कौड़ियों के दाम
मन कौन जाने बाकी चढ़ा सब नीलाम
ज़िन्दगी जैसे हाथ में विष भरा जाम

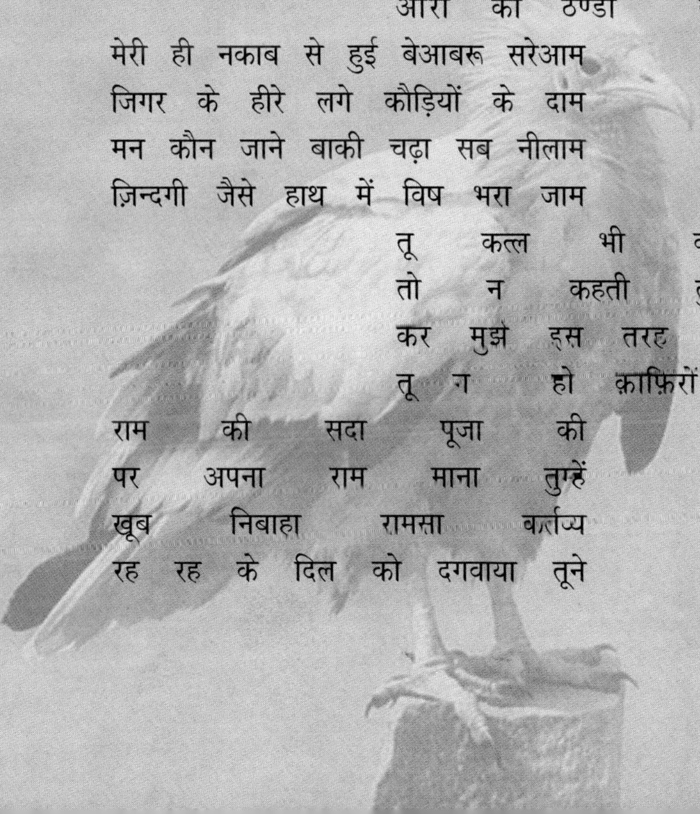

तू कत्ल भी करता अगर
तो न कहती तुझे कातिल
कर मुझे इस तरह गाफिल मगर
तू न हो क़ाफ़िरों में शामिल

राम की सदा पूजा की
पर अपना राम माना तुम्हें
खूब निबाहा रामसा कर्तव्य
रह रह के दिल को दगवाया तूने

मंजिल

उतरती रातें टूटते तारे
ओझल चाँद, कोई लाचारी हो
छूटा पनघट रिसती गागर
खोयी मंजिल जाने कहाँ इति हो
गहरे डूब कर खो देना
शायद मेरी बद नसीबी हो

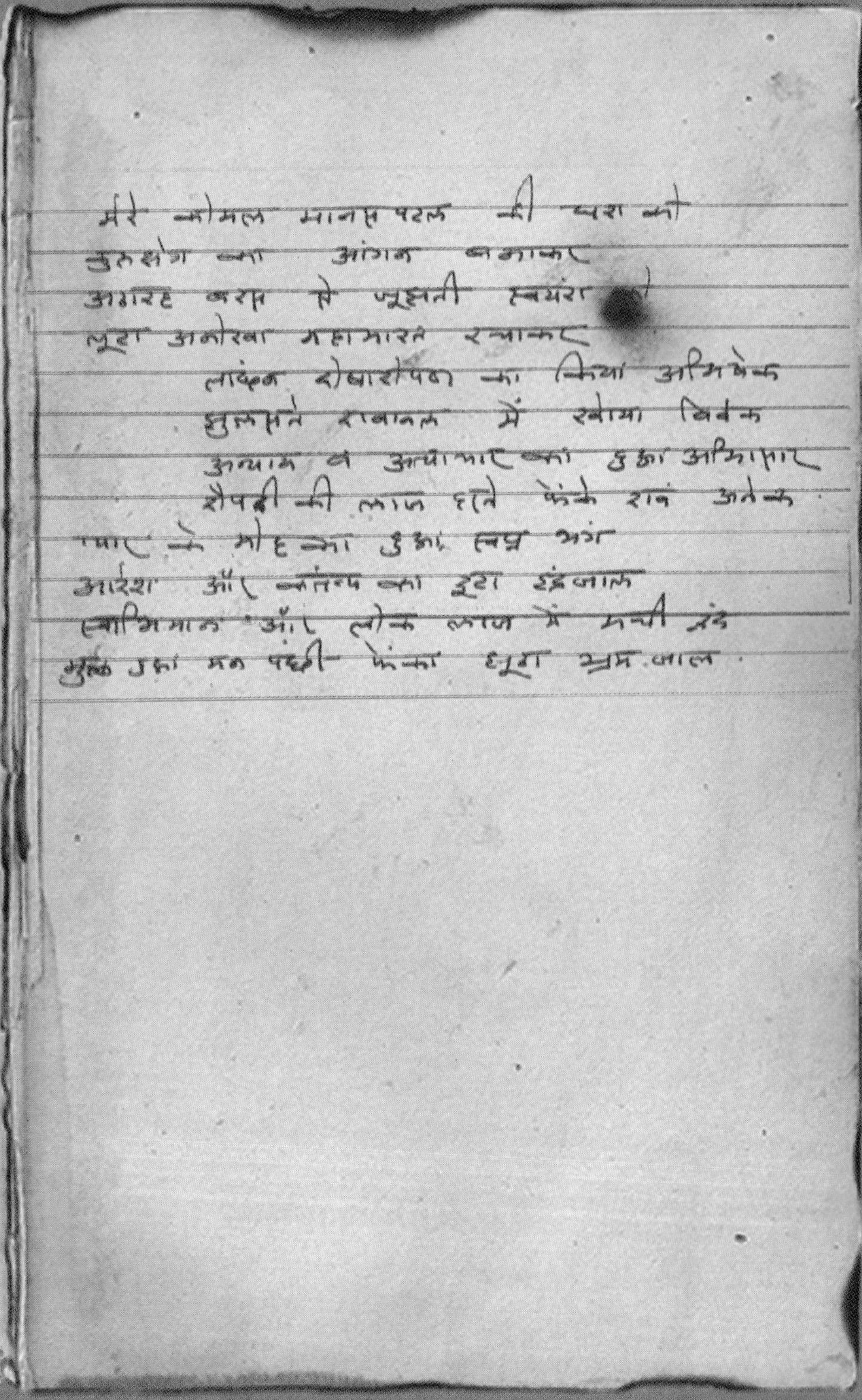

मेरे कोमल मानस पटल की धरा को
कुरुक्षेत्र का आंगन बनाकर
आमरण व्रत से जूझती स्वयंवरा को
लूटा अनोखा महाभारत रचाकर
लांछन दोषारोपण का किया अभिषेक
झुलसाते दावानल में खोया विवेक
अन्याय व अत्याचार को हुआ अधिकार
द्रौपदी की लाज हरने फेंके दाव अनेक.
प्यार के मोह का हुआ भग्न अंग
आदर्श और कर्तव्य का टूटा इंद्रजाल
स्वाभिमान और लोक लाज में मची जंग
मुक्त हुआ मन पंछी फेंका झूठा भ्रम जाल.

इंद्रजाल

मेरे कोमल मानस पटल की धरा को
कुरुक्षेत्र का आँगन बनाकर
अठारह बरस से जूझती स्वयंवरा को
लूटा अनोखा महाभारत रचाकर

लांछन दोषारोपण से किया अभिषेक
झुलसते दावानल में खोया विवेक
अन्याय व अत्याचार का हुआ अभिसार
द्रौपदी की लाज हरने फेंके दाँव अनेक

प्यार के मोह का हुआ स्वप्न भंग
आदर्श और कर्त्तव्य का टूटा इंद्रजाल
स्वाभिमान और लोक लाज में मची द्वन्द्व
मुक्त हुआ मन पंछी फेंका झूठा भ्रम जाल।

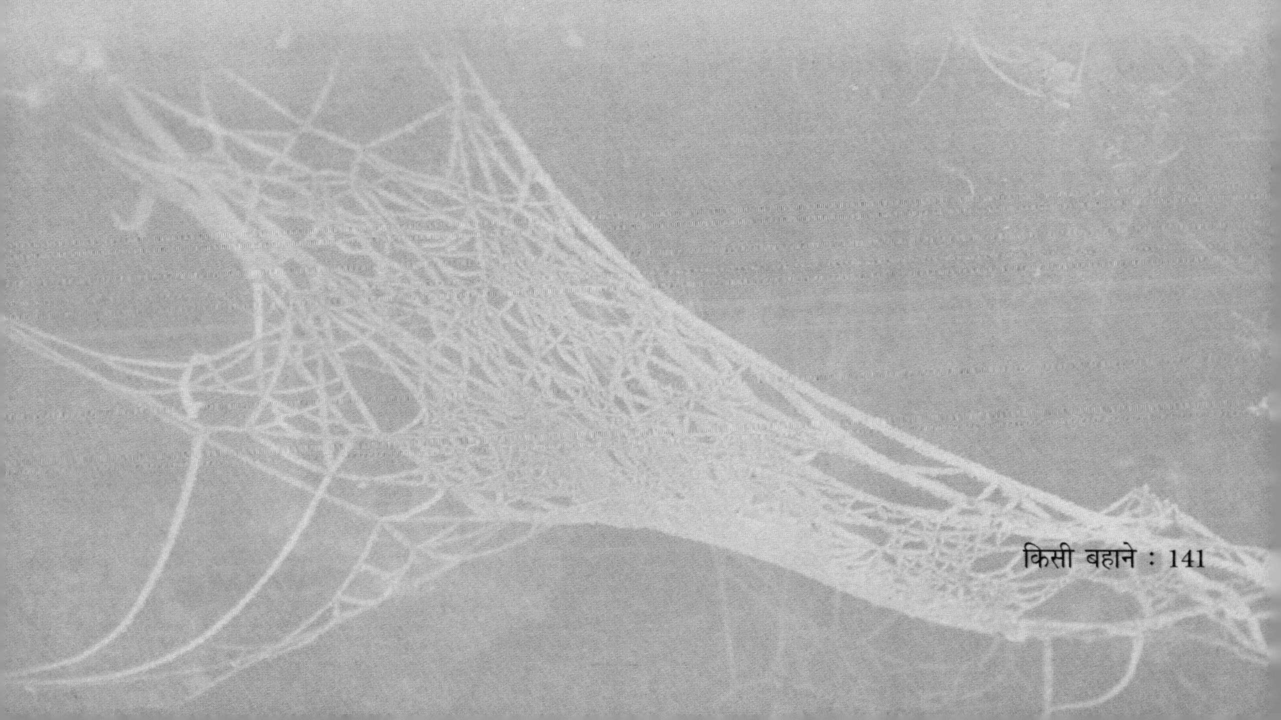

गुड्डों के हाथे ममता नीलाम हो गई

किसी की चाहत किसी की माफी
न ऐसी राहत न ऐसी काजी
तकदीर की उलझन सयानों के घर
न मिला नुकसान न कोई काजी

उलझन

किसी की चाहत किसी की माफी
न देगी राहत न देगी बाजी
तकदीर की उलझन सवालों के घेरे
न मिला लुकमान न कोई काजी

दिन कहाँ कब डूबा
रात कितनी गहरी उतरी
नींद ने तलाशा हर चौबारा
यादों की खोली फिर गठरी

आस

दिन कहाँ, कब डूबा
रात कितनी गहरी उतरी
नींद ने तलाशा हर चौबारा
यादों की खोली फिर गठरी

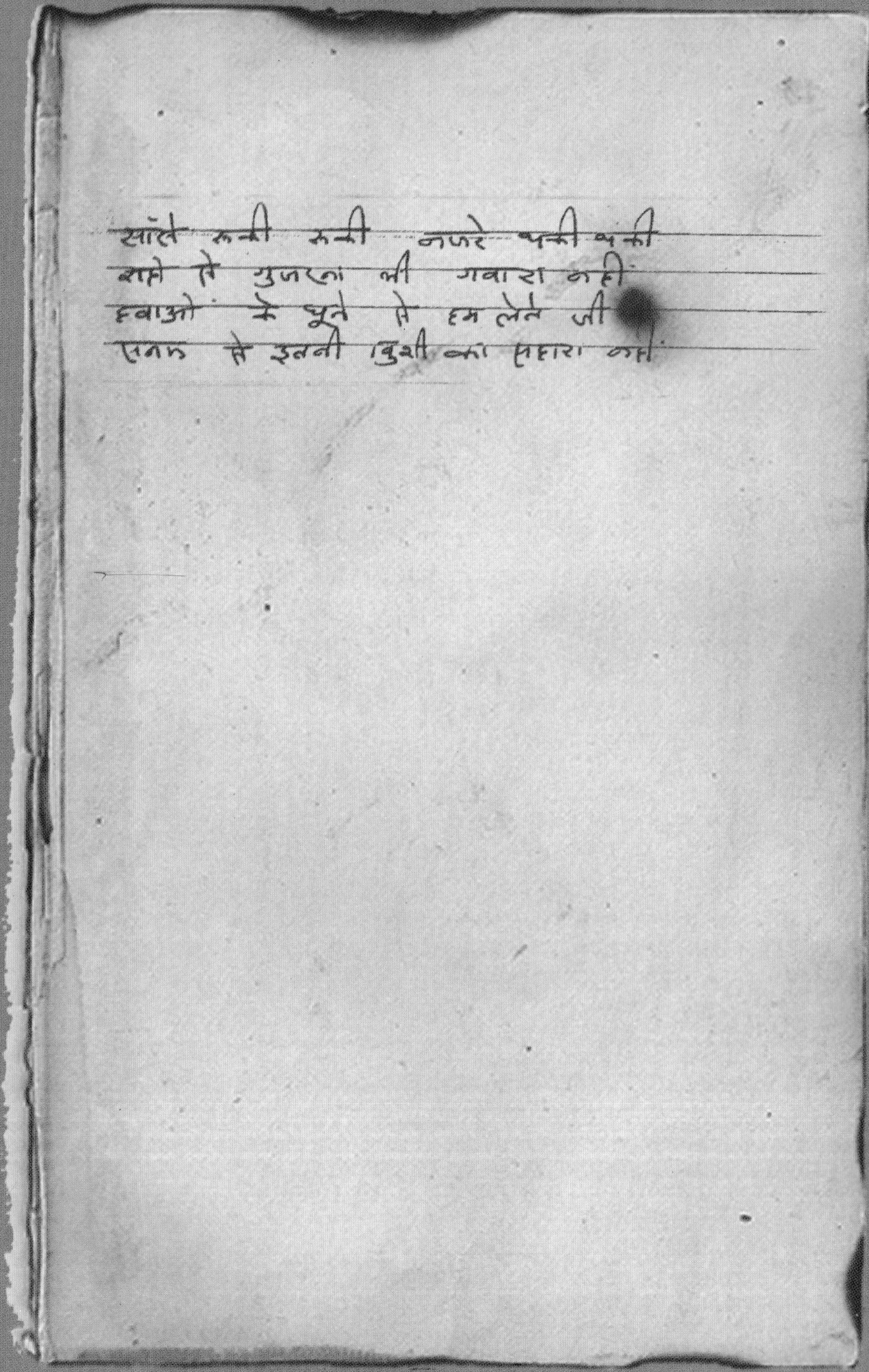
साँसें रुकी रुकी नजरें थकी थकी
राहों से गुजरना भी गवारा नहीं
हवाओं के छूने से हम लेते जी
सनम से इतनी खुशी का सहारा नहीं

हवाएँ

सॉंसें रुकी-रुकी नजरें थकी-थकी
राहों से गुजरना भी गवारा नहीं
हवाओं के छूने से हम लेते जी
सनम से इतनी ख़ुशी का सहारा नहीं

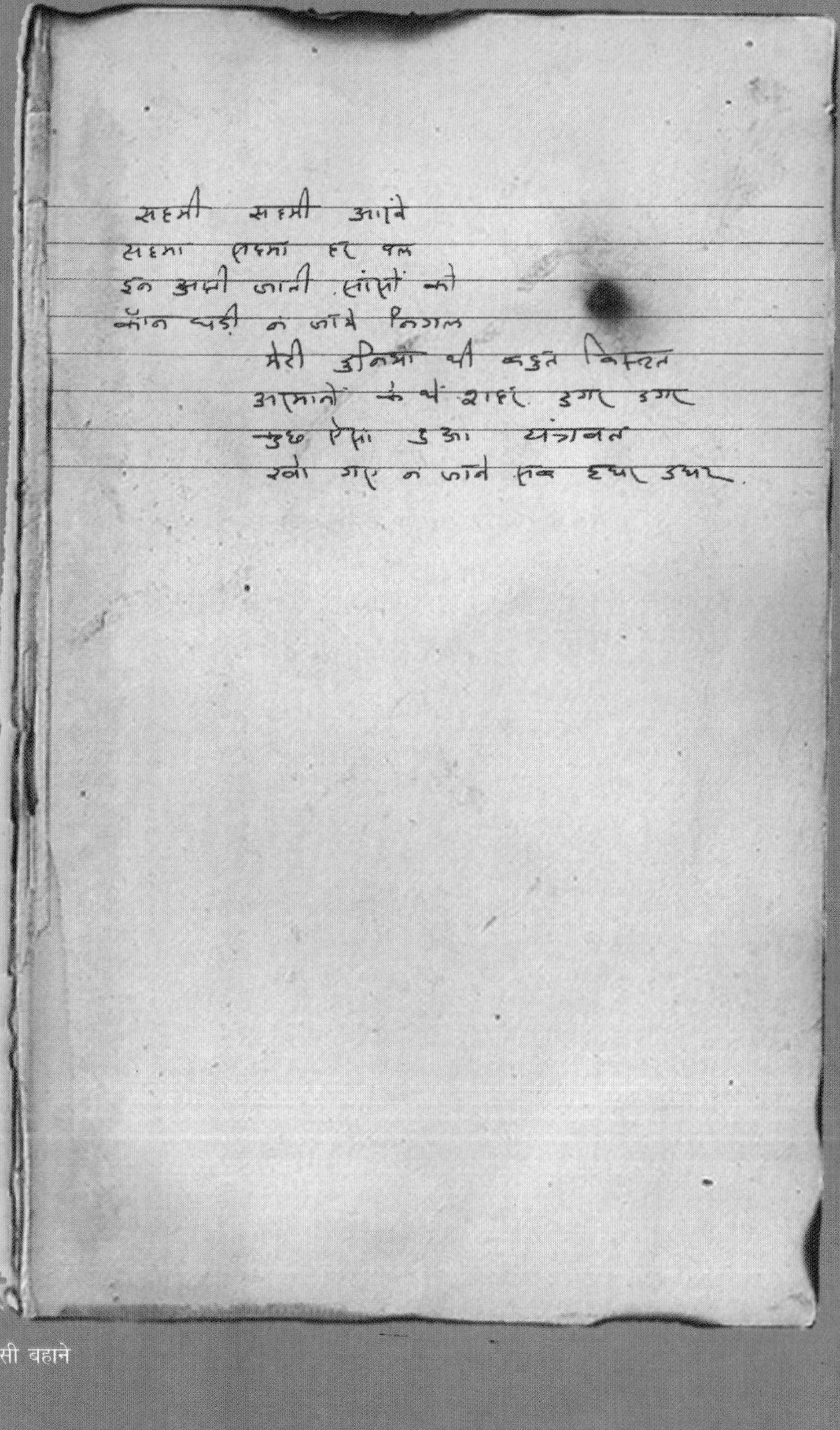

सहमी सहमी आँखें
सहमा सहमा हर पल
इन आती जाती साँसों को
कौन घड़ी न जाये निगल
मेरी दुनिया थी बहुत विस्तृत
आसमानों के थे रास्ते डगर डगर
कुछ ऐसा हुआ यंत्रवत
खो गए न जाने सब इधर उधर.

अरमान

सहमी सहमी आँखें
सहमा सहमा हर पल
इन आती-जाती साँसों को
कौन घड़ी न जाये निगल

मेरी दुनिया थी बहुत विस्तृत
अरमानों के थे शहर डगर-डगर
कुछ ऐसा हुआ यंत्रवत
खो गये न जाने सब इधर-उधर

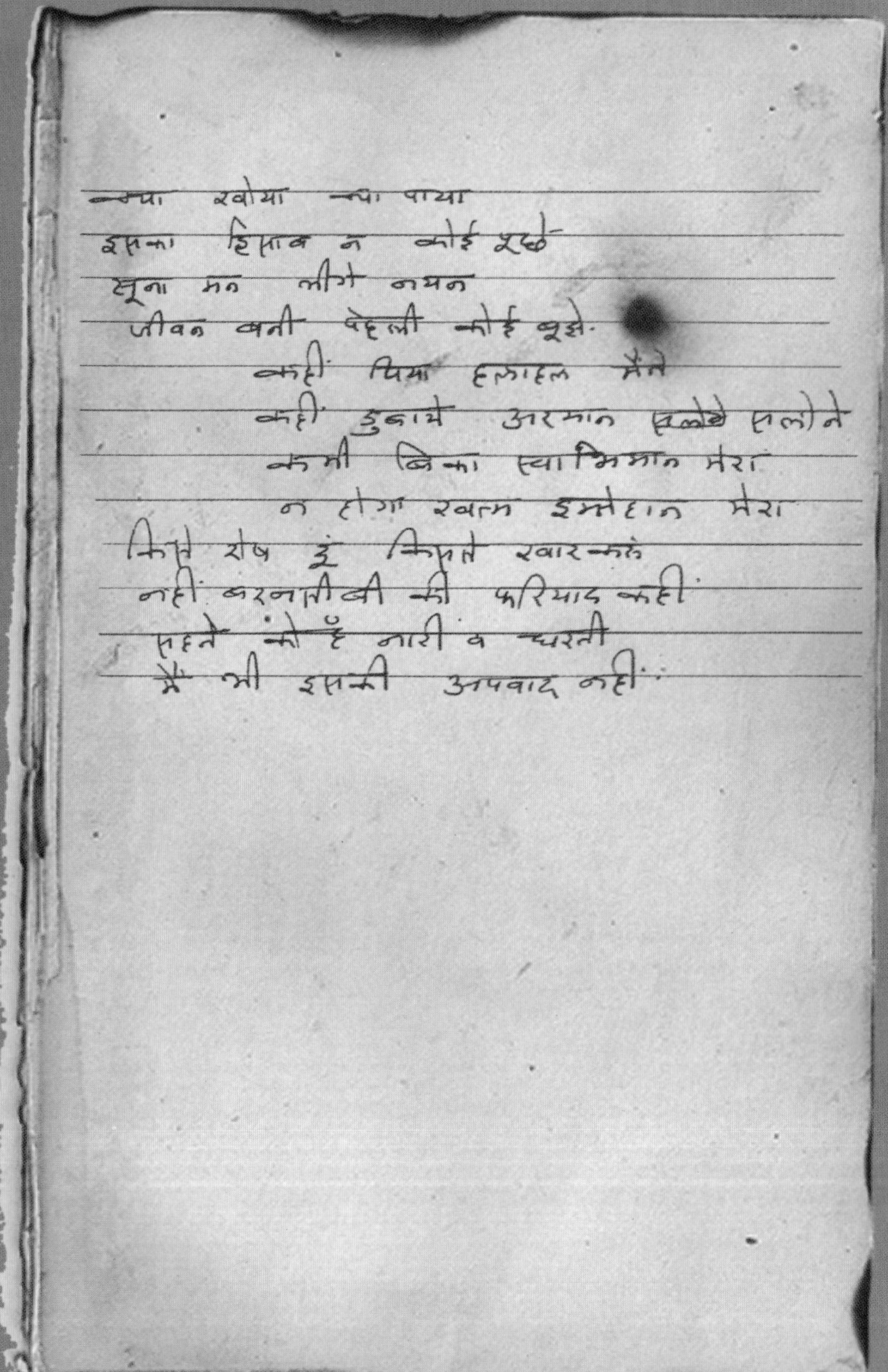
क्या खोया क्या पाया
इसका हिसाब न कोई पूछे
सूना मन भीगे नयन
जीवन बनी पहेली कोई बूझे।
कहीं पिया हलाहल मैंने
कहीं डुबाये अरमान सलोने
कभी बिका स्वाभिमान मेरा
न होगा खत्म इम्तेहान मेरा
किसे दोष दूं किस्मत खराब को
नहीं बदनसीबी की फरियाद कहीं
सहने को है नारी व धरती
मैं भी इसकी अपवाद नहीं।

धरा सी नारी

क्या खोया क्या पाया
इसका हिसाब न कोई पूछे
सूना मन भीगे नयन
जीवन बनी पहेली कोई बूझे।

कहीं पिया हलाहल मैंने
कहीं डुबाये अरमान सलोने
कभी बिका स्वाभिमान मेरा
न होगा खत्म इम्तेहान मेरा

किसे दोष दूँ किससे खार करूँ
नहीं बदनसीबी की फरियाद कहीं
सहने को है नारी व धरती
मैं भी इसकी अपवाद नहीं।

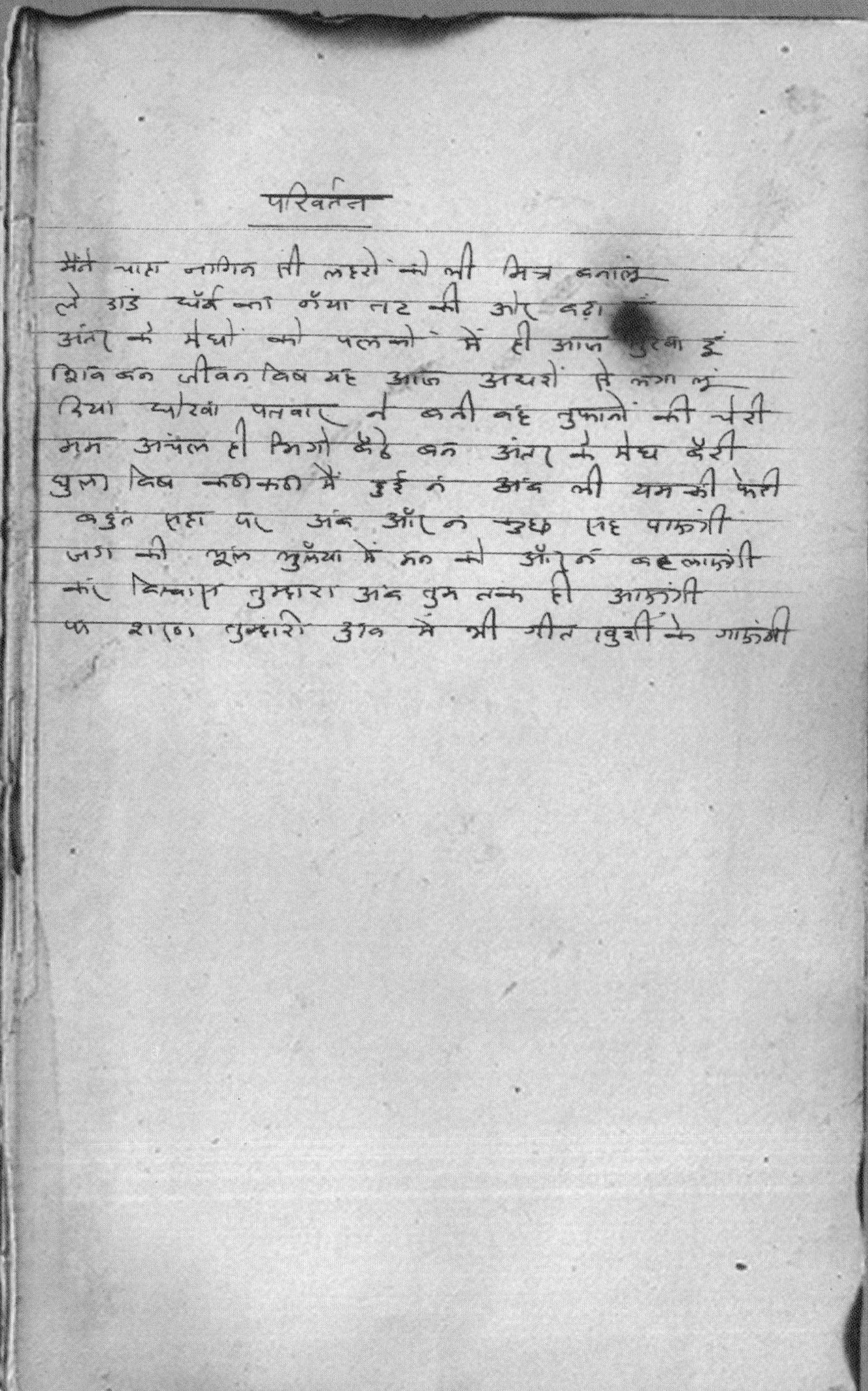

परिवर्तन

मैंने चाहा नागिन सी लहरों को भी मित्र बना लूं
ले जाऊं चाँद का नैया तट की ओर बढ़ा
अंतर के मेघों को पलकों में ही आज छुपा लूं
शिव बन जीवन विष यह आज अधरों से लगा लूं
दिया धोखा पतवार ने बनी यह तूफानों की चेरी
मन आंचल ही भिगो बैठे बन अंतर के मेघ बैरी
घुला विष कण-कण में हुई न अब भी यम की फेरी
बहुत सहा पर अब और न कुछ सह पाऊंगी
जग की भूल भुलैया में मन को और न बहलाऊंगी
कर विश्वास तुम्हारा अब तुम तक ही आऊंगी
पा शरण तुम्हारी उर में भी गीत खुशी के गाऊंगी

विश्वास

मैंने चाहा नागिन सी लहरों को भी मित्र बना लूँ
ले डांड, धर्म की नैय्या तट की ओर बढ़ा दूँ
अन्तर के मेघों को, पलकों में ही आज सुखा दूँ
शिव बन जीवन विष यह, आज अधरों से लगा लूँ
दिया खोया पतवार ने, बनी वह तूफानों की चेरी
मन अंचल ही भिगो बैठे, बन अन्तर के मेघ बैरी
घुला विष कण-कण में, हुई न अब भी यम की फेरी
बहुत सहा, पर अब और न कुछ सह पाऊँगी
जग की भूल भुलैया में, मन को और न बहलाऊँगी
कर विश्वास तुम्हारा, अब तुम तक ही आऊँगी
पर तुम्हारे दुःख में भी गीत खुशी के गाऊँगी

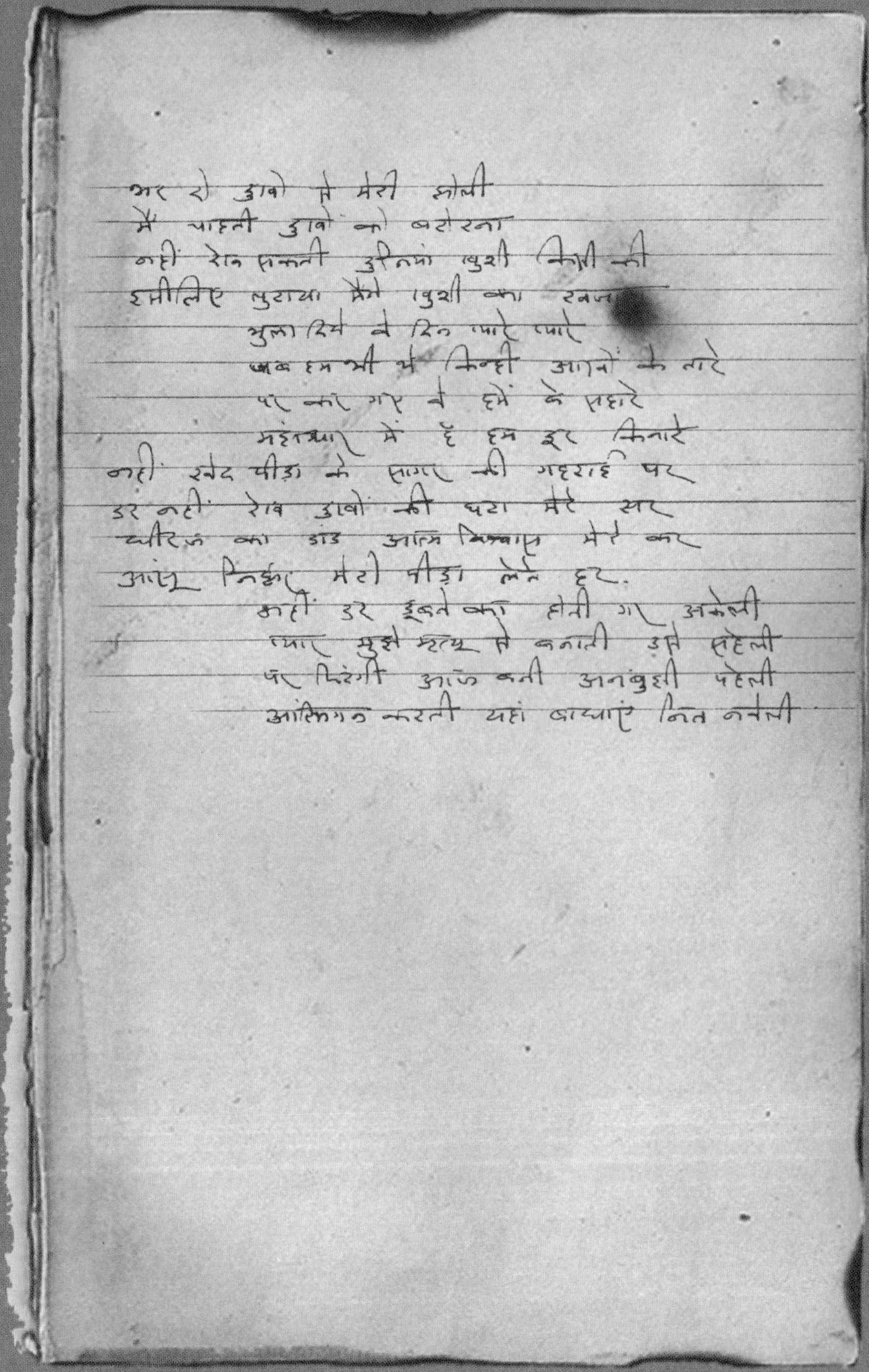

भर दो दुखों से मेरी झोली
मैं चाहती दुखों को बटोरना
नहीं देख सकती दुनिया खुशी किसी की
इसीलिए लुटाया मैंने खुशी का खजाना
भुला दिये वे दिन प्यारे प्यारे
जब हम भी थे किन्हीं आंखों के तारे
पर बन गए वे दुखों के सहारे
मझधार में हैं हम दूर किनारे
नहीं खेद पीड़ा के सागर की गहराई पर
डर नहीं देख दुखों की घटा मेरे सर
धीरज का डंड आत्मविश्वास मेरे कर
आंसू निर्झर मेरी पीड़ा लेते हर.
नहीं डर डूबने का होती गर अकेली
प्यार मुझे मृत्यु से बनाती उसे सहेली
पर जिंदगी आज बनी अनबूझी पहेली
आलिंगन करती यहां बाधाएं नित नवेली

फिरंगी पहेली

भर दो दुखों से मेरी झोली
मैं चाहती दुखों को बटोरना
नहीं देख सकती दुनिया खुशी किसी की
इसीलिए लुटाया मैंने ख़ुशी का ख़जाना

भुला दिये वे दिन प्यारे-प्यारे
जब हम भी थे किन्हीं आँखों के तारे
पर कर गये वे हमें बेसहारे
मँझधार में है हम दूर किनारे

नहीं खेद पीड़ा के सागर की गहराई पर
डर नहीं देख दुखों की घटा मेरे सर
धीरज का डाण्ड आत्मविश्वास मेरे कर
आँसू निर्झर मेरी पीड़ा लेते हर

नहीं डर डूबने का होती गर अकेली
प्यार मुझे मृत्यु से बनाती सहेली
पर फिरंगी आज बनी अनबुझी पहेली
आलिंगन करतीं यहाँ बाधाएँ नित नवेली

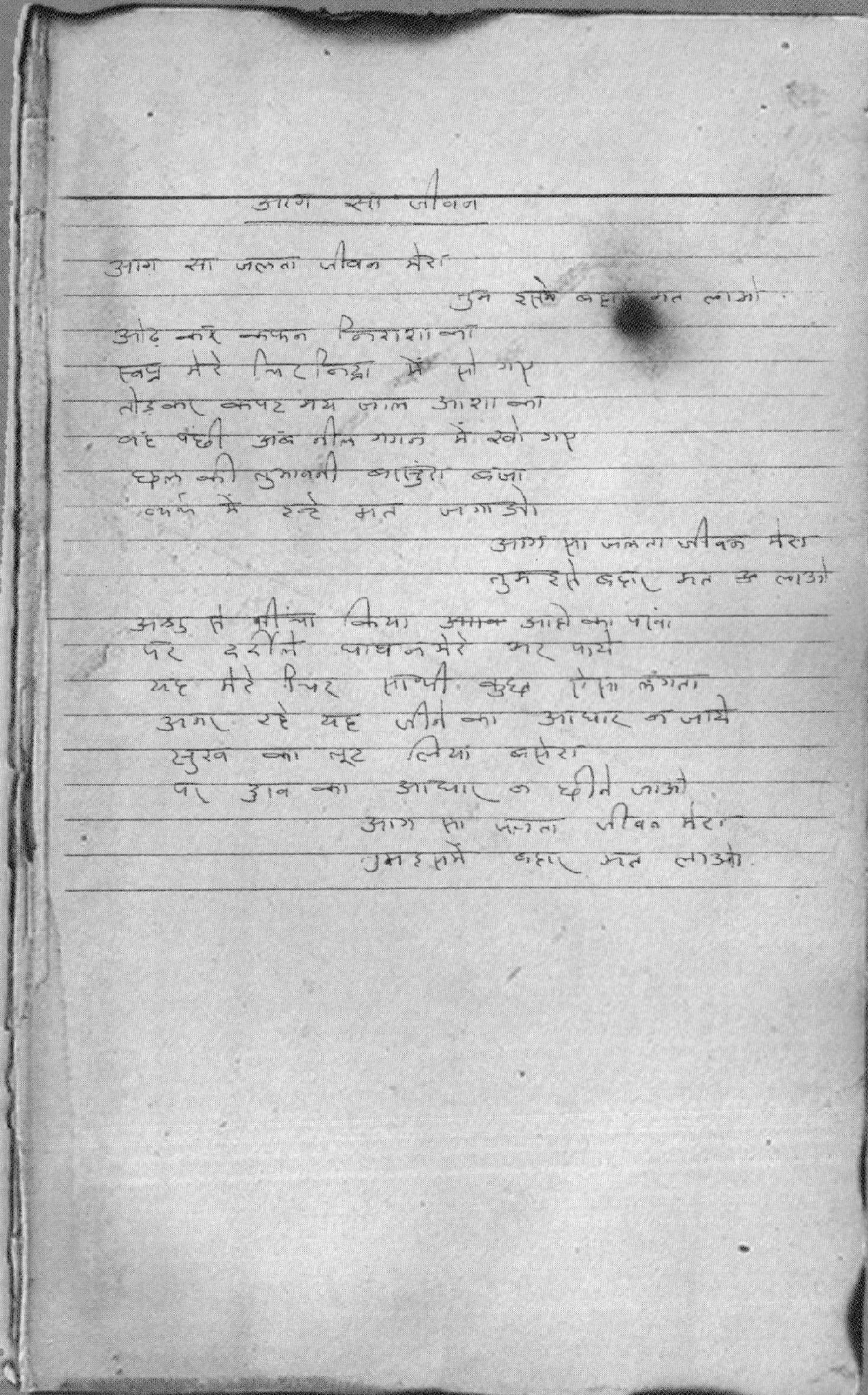

आग सा जीवन

आग सा जलता जीवन मेरा
तुम इसमें बहार मत लाओ
ओढ़ कर कफन निराशा का
स्वप्न मेरे चिर निद्रा में सो गए
तोड़कर कपट मय जाल आशा का
वह पंछी अब नील गगन में खो गए
छल की सुहावनी बांसुरी बजा
व्यर्थ में इन्हें मत जगाओ
आग सा जलता जीवन मेरा
तुम इसमें बहार मत लाओ
अश्रु से सींचा किया [illegible] आहों का पानी
पर दर्दीले घाव न मेरे भर पाये
यह मेरे चिर साथी कुछ ऐसा लगता
अगर रहे यह जीने का आधार बन जाये
सुख का लूट लिया बसेरा
पर दुख का आधार न छीने जाओ
आग सा जलता जीवन मेरा
तुम इसमें बहार मत लाओ.

आग-सा जीवन

आग सा जलता जीवन मेरा
तुम इसमें बहार मत लाओ
ओढ़ कर कफन निराशा का
स्वप्न मेरे चिर निद्रा में सो गये
तोड़कर कपट मय जाल आशा का
वह पंछी अब नील गगन में खो गये
छल की लुभावनी बाँसुरी बजा
व्यर्थ में इन्हें मत जगाओ
आग सा जलता जीवन मेरा
तुम इसमें बहार मत लाओ
अश्रु से सींचा किया किया आहों का पंखा
पर दर्दीले घाव न मेरे भर पाये
यह मेरे चिर साथी कुछ ऐसा लगता
अगर रहे यह जीने का आधार न जाये
सुख का लूट लिया बसेरा
पर दुख का आधार न छीने जाओ
आग सा जलता जीवन मेरा
तुम इसमें बहार मत लाओ

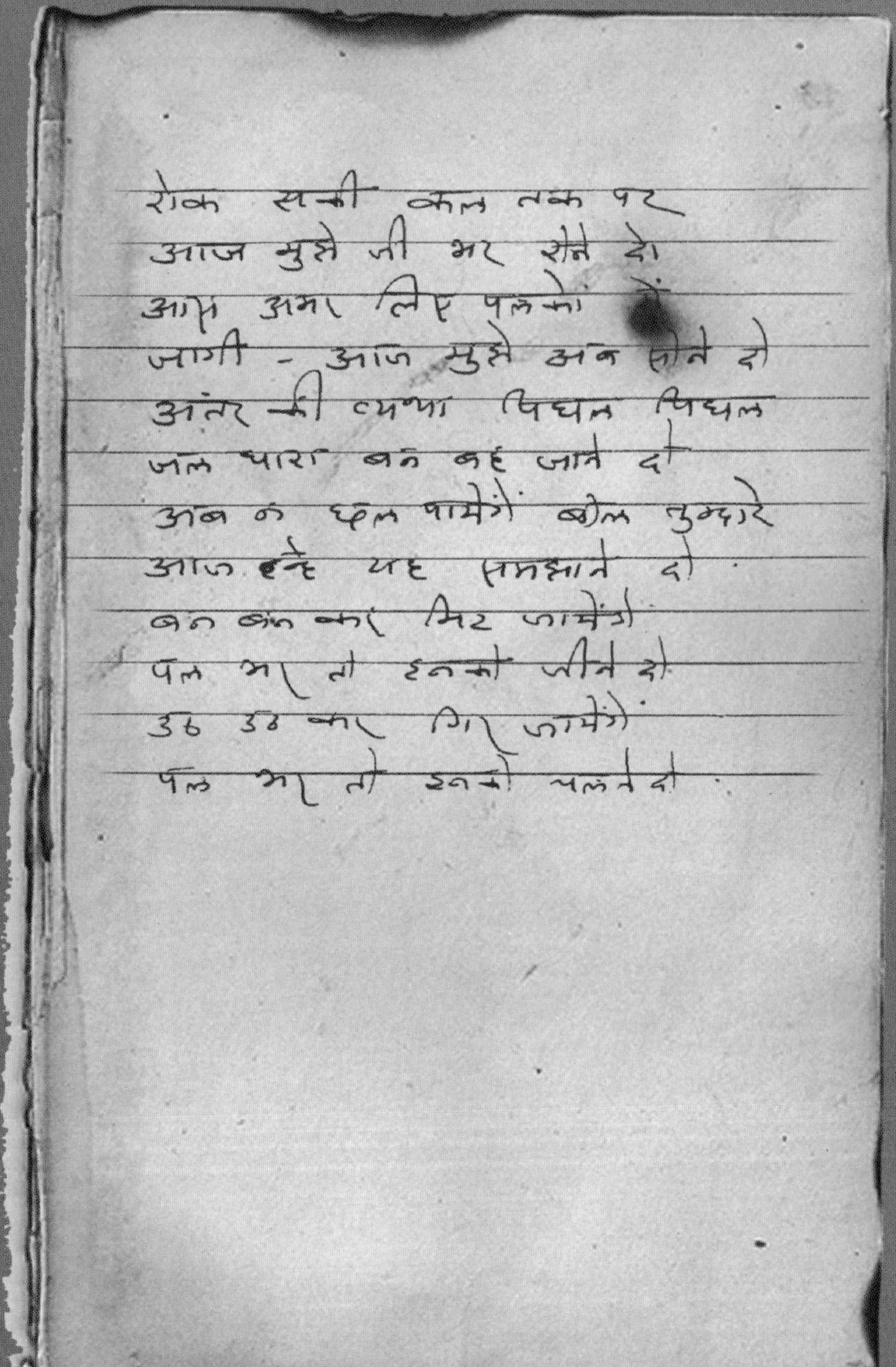

रोक सकी कल तक पर
आज मुझे जी भर रोने दो
आँखें अमर लिए पलकों में
जागी - आज मुझे अब सोने दो
अंतर की व्यथा पिघल पिघल
जल धारा बन बह जाने दो
अब न फल पायेंगे बोल तुम्हारे
आज इन्हें यह समझाने दो
बन बन कर मिट जायेंगे
पल भर तो इनको जीने दो
उठ उठ कर गिर जायेंगे
पल भर तो इनको चलने दो.

रुके आँसू

रोक सकी कल तक पर
आज मुझे जी भर रोने दो
आस अमर लिए पलकों में
जागी– आज मुझे अब सोने दो
अन्तर की व्यथा पिघल-पिघल
जल धारा बन बह जाने दो

अब न छल पायेंगे बोल तुम्हारे
आज इन्हें यह समझाने दो
बन बन कर मिट जायेंगे
पल भर तो इनको जीने दो
उठ-उठ कर गिर जायेंगे
पल भर तो इनको चलने दो

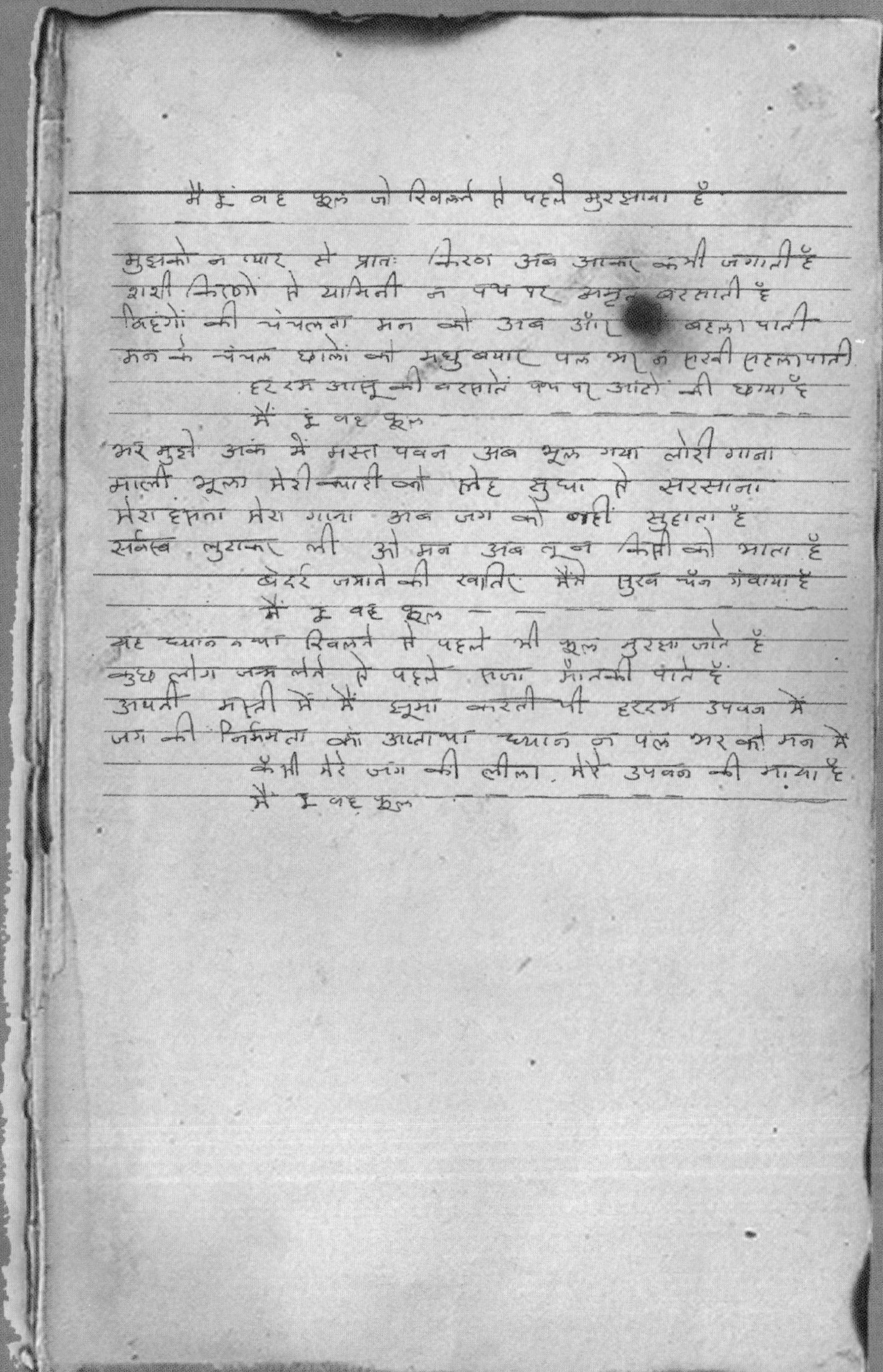

मैं हूं वह फूल जो खिलने से पहले मुरझाया हूँ

मुझको न प्यार से प्रातः किरण अब आकर कभी जगाती है
शशी किरणों से यामिनी न पथ पर अमृत बरसाती है
विहंगों की चंचलता मन को अब और [illegible] बहला पाती
मन के चंचल घावों को मधु बयार पल भर न हरषी सहला पाती
हरदम आंसू की बरसातें पथ पर कांटों की छाया है
मैं हूं वह फूल
भर मुझे अंक में मस्त पवन अब भूल गया लोरी गाना
माली भूला मेरी क्यारी को स्नेह सुधा से सरसाना
मेरा हंसना मेरा गाना अब जग को नहीं सुहाता है
सर्वस्व लुटाकर भी ओ मन अब तू न किसी को भाता है
बेदर्द जमाने की खातिर मैंने सुख चैन गंवाया है
मैं हूं वह फूल — —
यह ध्यान न था खिलने से पहले भी फूल मुरझा जाते हैं
कुछ लोग जन्म लेने से पहले सजा मौत की पाते हैं
अपनी मस्ती में मैं झूमा करती थी हरदम उपवन में
जग की निर्ममता का आभास था ध्यान न पल भर को मन में
कैसी मेरे जग की लीला, मेरे उपवन की माया है
मैं हूं वह फूल

सूखी बगिया

मुझको न प्यार से प्रातः किरण अब आकर कभी जगाती है
शशि किरणों से यामिनी न पथ पर अमृत बरसाती है
विहंगों की चंचलता मन को अब और नहीं बहला पाती
मन के चंचल छालों को मधु बयार पल भर न
सखी सहला पाती

हर दम आँसू की बरसातें पथ पर आहों की छाया है
मैं हूँ वह फूल ....

भर मुझे अंक में मस्त पवन अब भूल गया लोरी गाना
माली भूला मेरी क्यारी को स्नेह सुधा से सरसाना
मेरा हँसना मेरा गाना अब जग को नहीं सुहाता है
सर्वस्व लुटा कर भी ओ मन अब तू न किसी को भाता है।
बेदर्द जमाने की खातिर मैंने सुख चैन गँवाया है

मैं हूँ वह फूल ....

यह ध्यान न था खिलने से पहले भी फूल मुरझा जाते हैं
कुछ लोग जन्म लेने से पहले सजा मौत की पाते हैं
अपनी मस्ती में झूमा करती थी हरदम उपवन में
जग की निर्ममता का आता था ध्यान न पल भर को मन में

कैसी मेरे जग की लीला, मेरे उपवन की माया है
मैं हूँ वह फूल ....

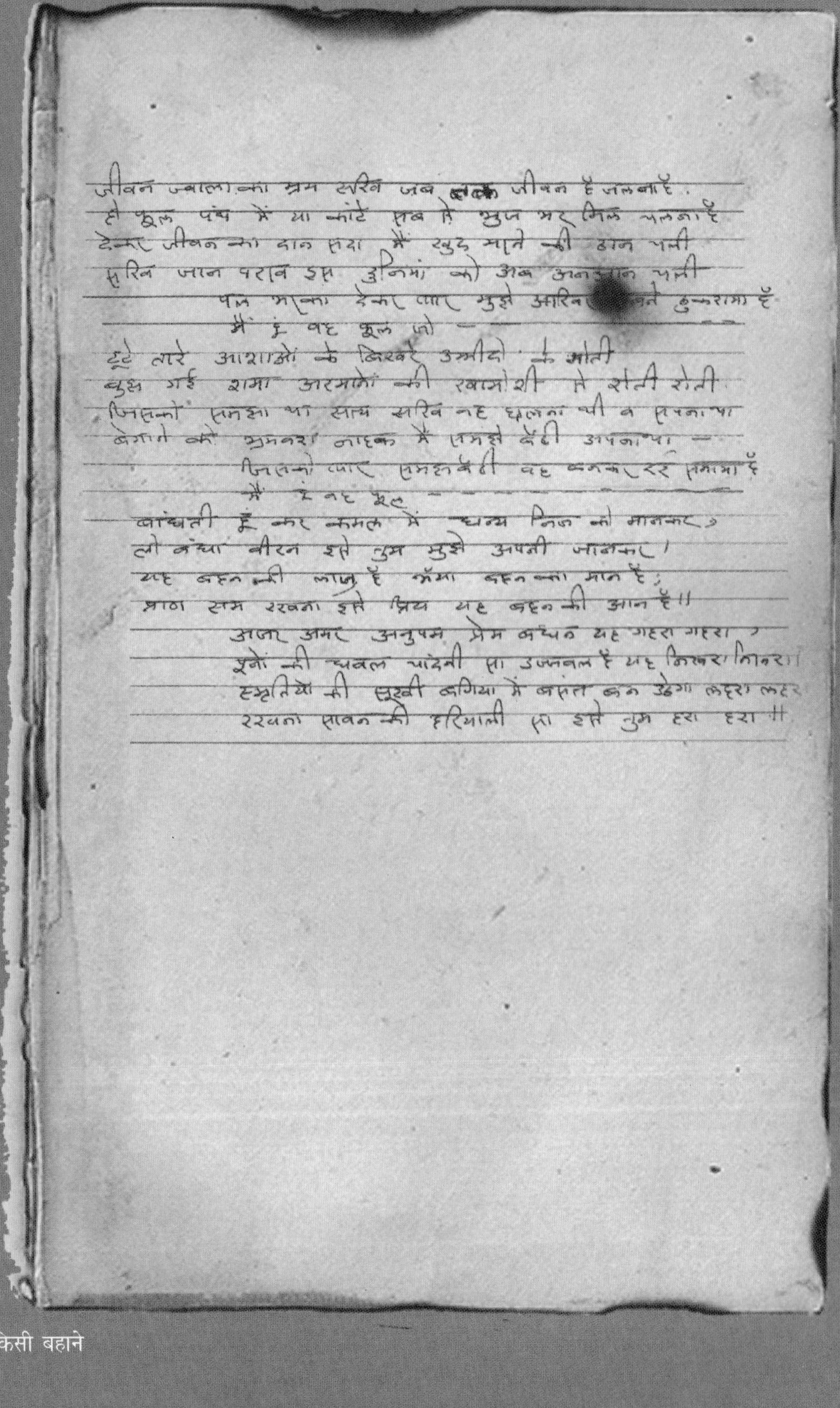
जीवन ज्वाला का भ्रम सखि जब जीवन है जलता है।
हो फूल पंथ में या कांटे सब से भुज भर मिल चलता है
देकर जीवन का दान सदा मैं खुद माटी की ठान चली
सखि जान पराया इस दुनिया को अब अनजान चली
पल भर का देकर प्यार मुझे अरि[illegible] ने ठुकराया है
मैं हूं वह फूल जो —
टूटे तारे आशाओं के बिखरे उम्मीदों के मोती
बुझ गई शमा अरमानों की खामोशी से रोती रोती
जिसको समझा था साथ सखि वह छलना थी न समझा था
बेगाने को भ्रमवश नाहक मैं समझे बैठी अपना था —
जिसको प्यार समझ बैठी वह बनकर रह सपना है
मैं हूं वह फूल —
बांधती हूँ कर कमल में धन्य निज को मानकर,
लो बंधा बीरन इसे तुम मुझे अपनी जानकर।
यह बहन की लाज है भैया बहन का मान है;
प्राण सम रखना इसे प्रिय यह बहन की आन है।।
अजर अमर अनुपम प्रेम बंधन यह गहरा गहरा,
पूनों की धवल चांदनी सा उज्जवल है यह निखरा निखरा।
स्मृतियों की सुखी बगिया में बसंत बन डोलेगा लहरा लहरा
रखना सावन की हरियाली सा इसे तुम हरा हरा।।

जीवन ज्वाला का भ्रम सखि जब जीवन है जलना है
हों फूल पंथ में या काटें तब से भुज भी मिल चलना है
देकर जीवन का दान सदा मैं खुद मरने की ठान चली
सखि जान पड़ाव इस दुनियाँ को अब अनजान चली
पल भर देकर प्यार मुझे आखिर सबने ठुकराया है
मैं हूँ वह फूल जो ....
टूटे तारे आशाओं के बिखरे उम्मीदों के मोती
बुझ गई शमा अरमानों की खामोशी से रोती रोती
जिसको समझा था सत्य सखि वह छलना थी व सपना था
बेगाने को भ्रमवश नाहक मैं समझे बैठी अपना था
जिसको प्यार समझ बैठी वह बन कर दर्द समाया है
मैं हूँ वह फूल जो ....
बाँधती हूँ कर कमल में धन्य जिन को मानकर,
लो बाँध वीरन इसे तुम मुझे अपनी जानकर।
यह बहन की लाज है भैया बहन का मान है;
प्राण सम रखना इसे प्रिय यह बहन की आन है ॥
पूनों की धवल चाँदनी सा उज्ज्वल है यह निखरा निखरा।
स्मृतियों की सूखी बगिया में बसन्त बन उठेगा लहरा लहरा;
रखना सावन की हरियाली-सा इसे तुम हरा हरा ॥

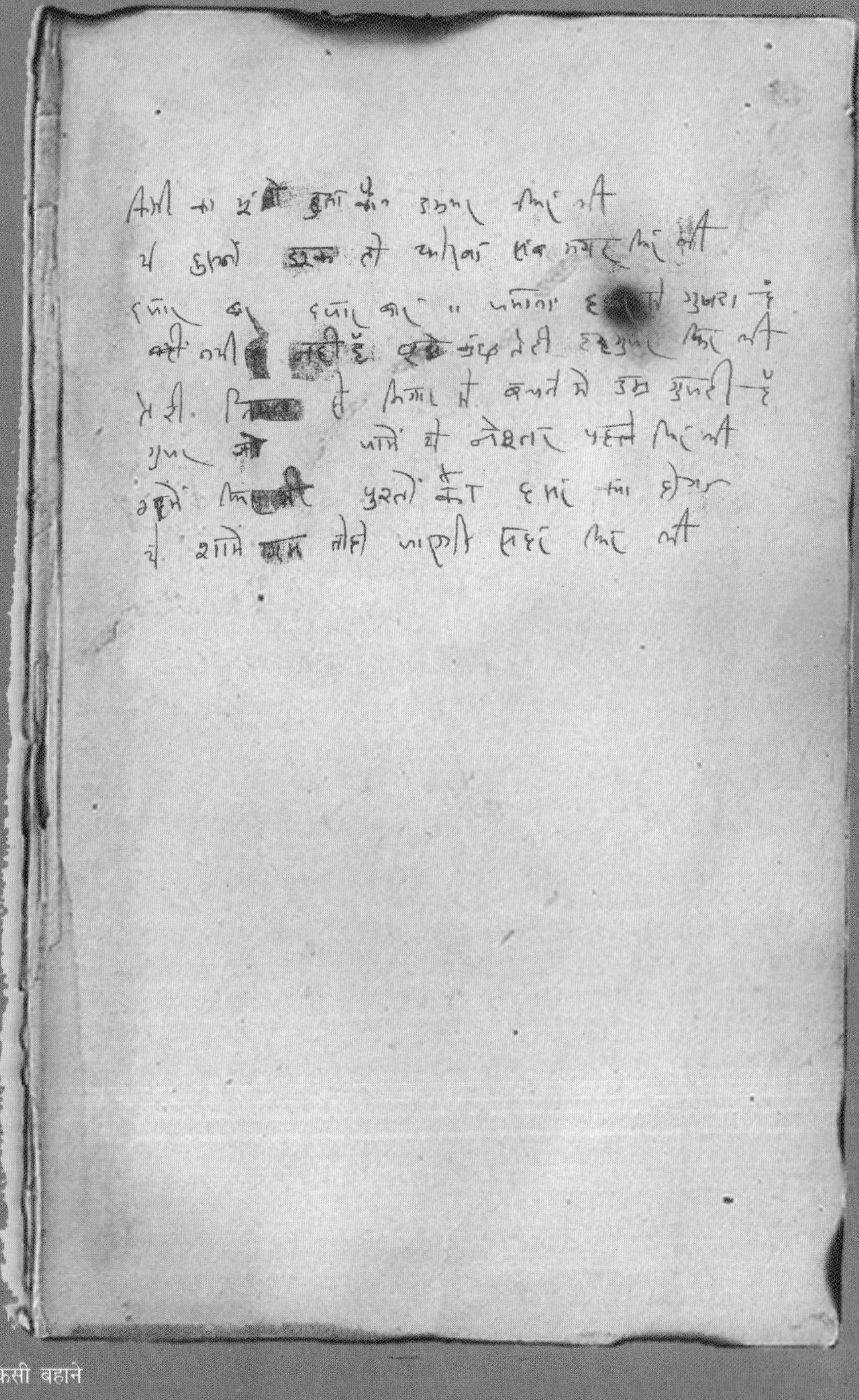

कौन किसी का

किसी का यूँ तो हुआ कौन उम्र पर फिर भी
ये हुस्नों इश्क तो धोखा सब मगर फिर भी
हजार बार, हजार बार बार जमाना इधर से गुजरा है
नयी नहीं है बूझे कुछ तेरी रहगुजर फिर भी
तेरी नियन से निगाह से बचने में उम्र गुजरी है
गुजर जो जायें ये नश्तर फिर भी
गमें फिर भी पुश्तों का हश्र क्या होगा
ये शामें गम तो हो जाएँगी सहर फिर भी

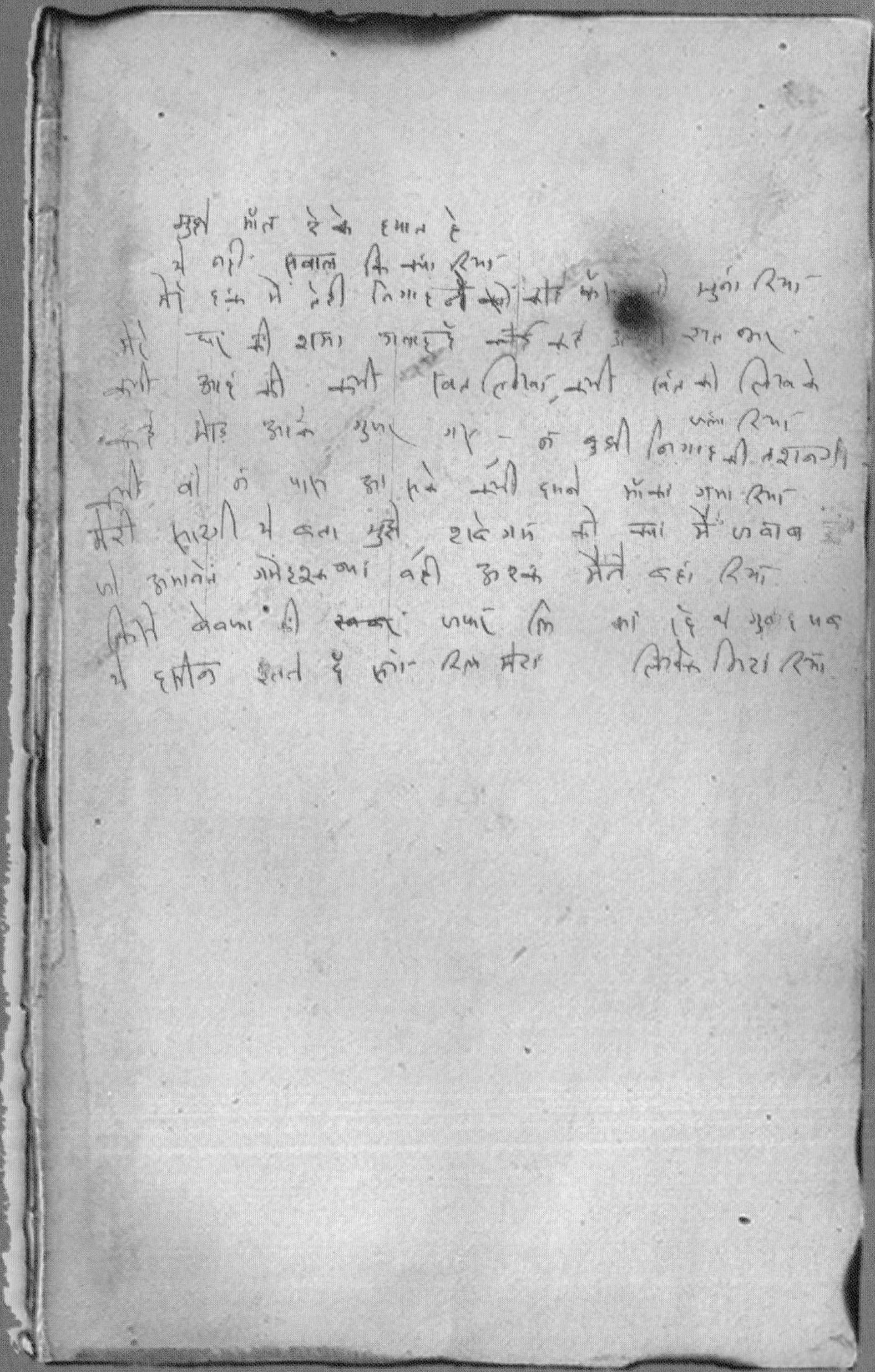

फैसला

मुझे मौत दे के हयात दे
ये नहीं सवाल कि क्या दिया
मेरे हक में तेरी निगाह ने कोई फैसला तो सुना दिया
मेरे घर की शमा गवाह है कई उलझनें रात भर
कभी आह की कभी खत लिखा, कभी खत को लिखके जला दिया
कई मोड़ आके गुजर गये, न बुझी निगाह की टशन
कभी वो न पास आ सके कभी हमने मौका गँवा दिया
मेरी सादगी ये बता मुझे, शबे गम को क्या मैं जवाब दूँ
जो अमानतें गमें इश्क था वही अश्क मैंने बहा दिया
किसे बेवफा की जफर लिखवा रहे थे गुनाह जब,
ये हसीन इतने हैं संग दिल मेरा नाम लिखके मिटा दिया।

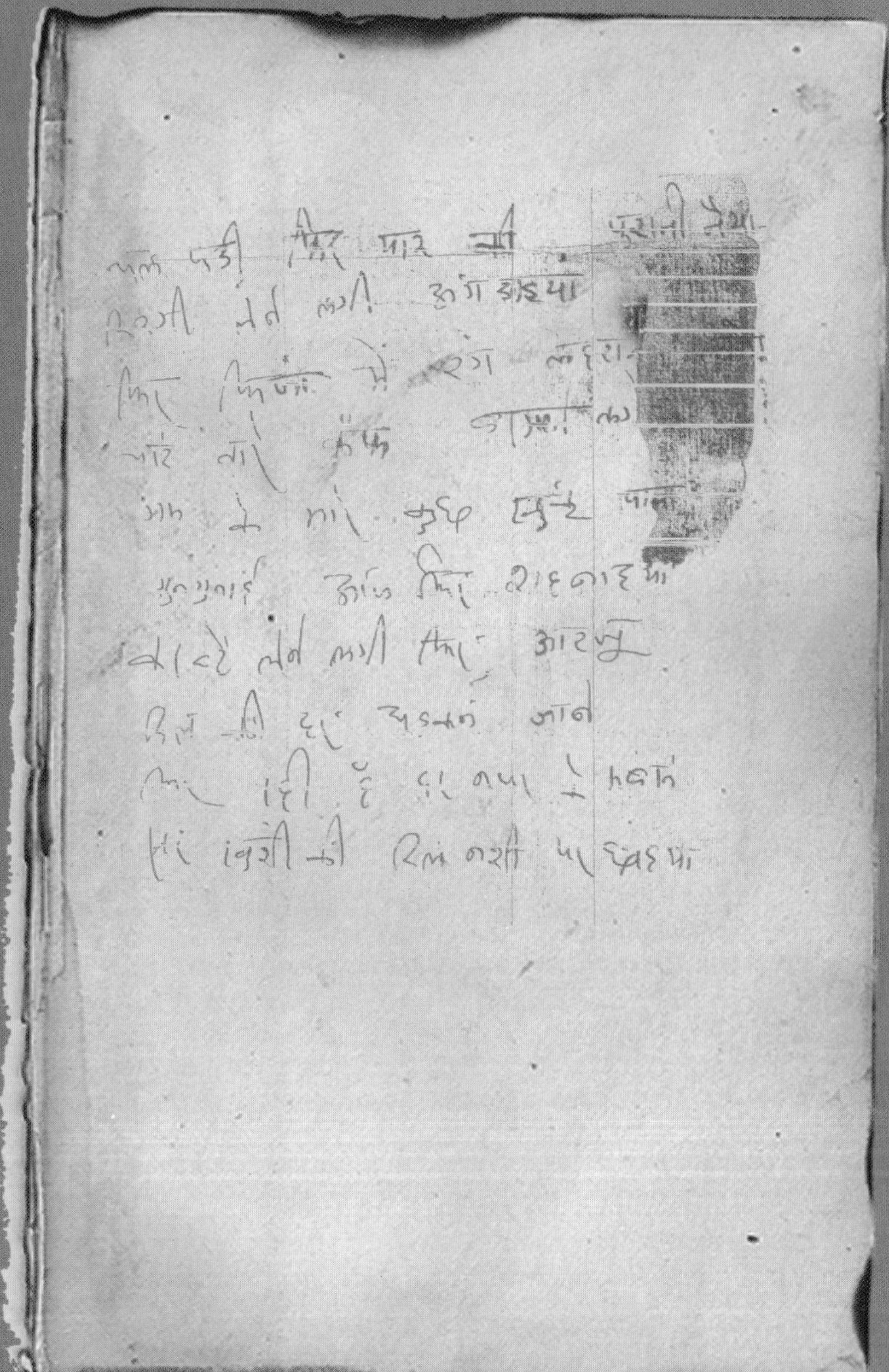

याद

चल पड़ी फिर याद की पुरानी नैया
जिन्दगी लेने लगी अंगड़ाइयाँ
फिर फिजा में रंग लहराने लगे
चाँद तारे कैफ बरसाने लगे
गम के मारे कुछ सकूं पाया,
गुनगुनाईं आज फिर शहनाइयाँ
करवटें लेने लगी फिर, आरजू,
दिल की हर धड़कन जाने
आ रही है हर नजर रूबरू
सर खुशी की दिलनशी परछाइँयाँ

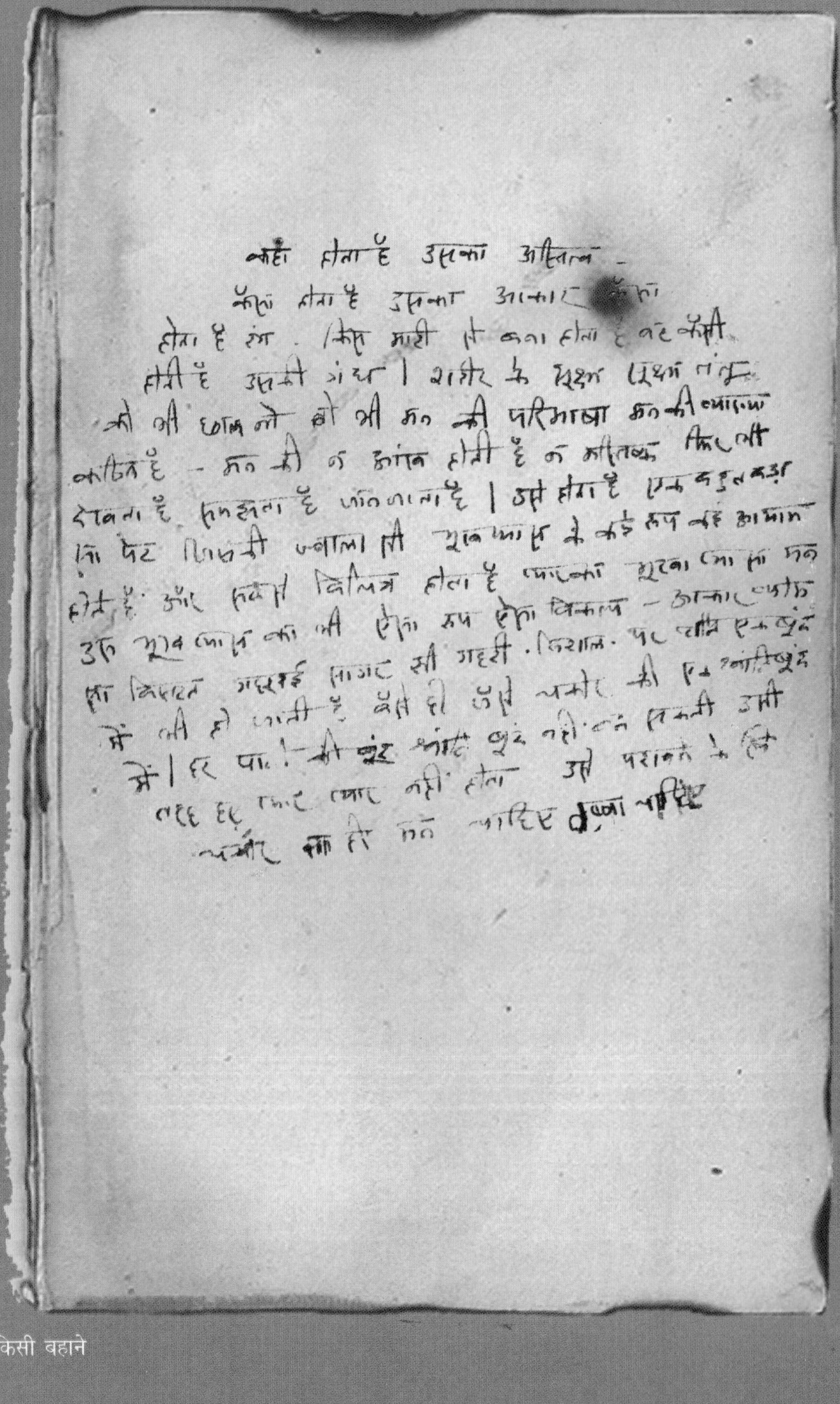

कहाँ होता है उसका अस्तित्व -
कैसा होता है उसका आकार कैसा
होता है रंग . कितना भारी या कम होता है वह कैसी
होती है उसकी गंध । शरीर के सूक्ष्म सूक्ष्म तंतु
को भी छान लो तो भी मन की परिभाषा मन की व्याख्या
कठिन है - मन की न आकृति होती है न अस्तित्व फिर भी
धड़कता है फिसलता है [illegible] है । उसे होता है एक बहुत बड़ा
[illegible] पेट जिसकी ज्वाला सी [illegible] के कई रूप कई आयाम
होते हैं और सबसे विचित्र होता है [illegible] मन
[illegible] रूप [illegible] विकराल - आकार [illegible]
उस [illegible] गहरी . विशाल . पर [illegible] एक बूंद
[illegible] गहराई सागर सी गहरी [illegible] एक [illegible] बूंद
में [illegible] हो जाती है [illegible] [illegible] उसी
में । हर पल ! [illegible] बूंद नहीं [illegible] के लिए
[illegible] नहीं होता [illegible]
[illegible] चाहिए [illegible] चाहिए
[illegible]

मन

कहाँ होता है उसका अस्तित्व
कैसा होता है उसका आकार
कैसा होता है रंग—किस माटी से बना होता है
वह कैसी होती है उसकी गन्ध।
शरीर के सूक्ष्म सूक्ष्म तन्तू को भी छान ले
तो भी मन की परिभाषा मन की व्याख्या कठिन है—
मन की न आँख होती है न मस्तिष्क
फिर भी देखता है, समझता है जान जाता है।
उसे होता है एक बहुत बड़ा सा पेट
जिसकी ज्वाला सी भूखप्यास के कई रूप आयाम होते हैं और
सबसे विचित्र होता है प्यार का भूखा प्यासा मन
उस भूख प्यास का भी ऐसा रूप ऐसा विकल्प—
आकार व्योम सा विस्तृत गहराई सागर सी गहरी विशाल
पर तृप्ति एक बूँद में भी हो जाती है
वैसे ही जैसे चकोर की एक स्वातिबूँद में।
हर पानी की बूँद स्वाति बूँद नहीं बन सकती
उसी तरह हर प्यार प्यार नहीं होता
उसे परखने के लिए चकोर सा ही मन चाहिए तृष्णा चाहिए।

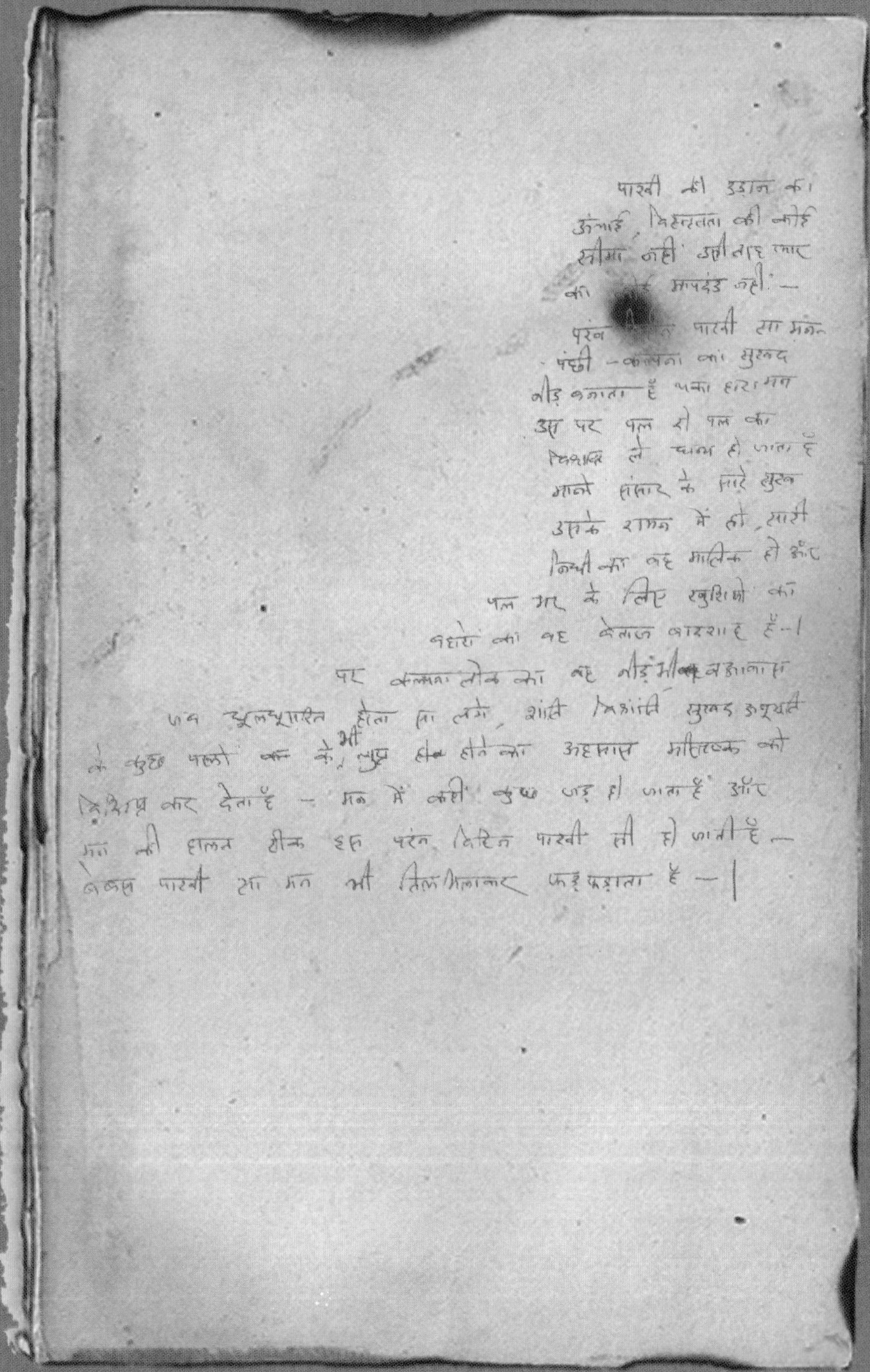

पाखी की उड़ान की
ऊँचाई, विह्वलता की कोई
सीमा नहीं उसी तरह प्यार
की [illegible] मापदंड नहीं —
परन्तु [illegible] पाखी सा मन-
पंछी — कल्पना का बुलन्द
नीड़ बनाता है जिसका हरा मन
उस पर पल दो पल को
विश्राम ले चहक ही जाता है
मानो संसार के सारे सुख
उसके दामन में हों, सारी
खुशी का वह मालिक हो और
पल भर के लिए खुशियों का
पहरों का वह बेताज बादशाह है —।
पर कल्पना लोक का वह नीड़ भी बनाता ही
जब धूलधूसरित होता सा लगे, शांति विश्रांति सुखद अनुभूति
के कुछ पलों के भी, लुप्त होने का अहसास मस्तिष्क को
विक्षिप्त कर देता है — मन में कहीं कुछ जड़ सा जाता है और
मन की हालत ठीक इस परन्तु विहीन पाखी सी हो जाती है —
जिसका पाखी सा मन भी तिलमिलाकर फड़फड़ाता है —।

पंखविहीन पाखी सा मन-पक्षी

पाखी की उड़ान की ऊँचाई, विस्तृतता की कोई सीमा नहीं,
उसी तरह प्यार का कोई मापदण्ड नहीं,
पंख विहीन पारखी सा मन पक्षी—कल्पना का सुखद नीड़ बनाता है थका
हारा मन उस पर पल दो पल का विश्रान्त ले धन्य हो जाता है मानो संसार
के सारे सुख उसके दामन में हों,
सारी निधि का वह मालिक हो और पल भर के लिए
खुशियों का बहारों का वह बेताज बादशाह है—।
पर कल्पनालोक का वह नीड़ भी व आवास जब धूलधूसरित होता सा लगे,
शान्ति विशान्ति सुखद अनुभूति के कुछ पलों के भी
लुप्त होने का अहसास मस्तिष्क को विक्षिप्त कर देता है—
मन में कहीं कुछ जड़ हो जाता है
और मन की हालत ठीक पंख विहीन पाखी सी हो जाती है—
बेबस पाखी सा मन भी तिलतिलाकर फड़फड़ाता है—।

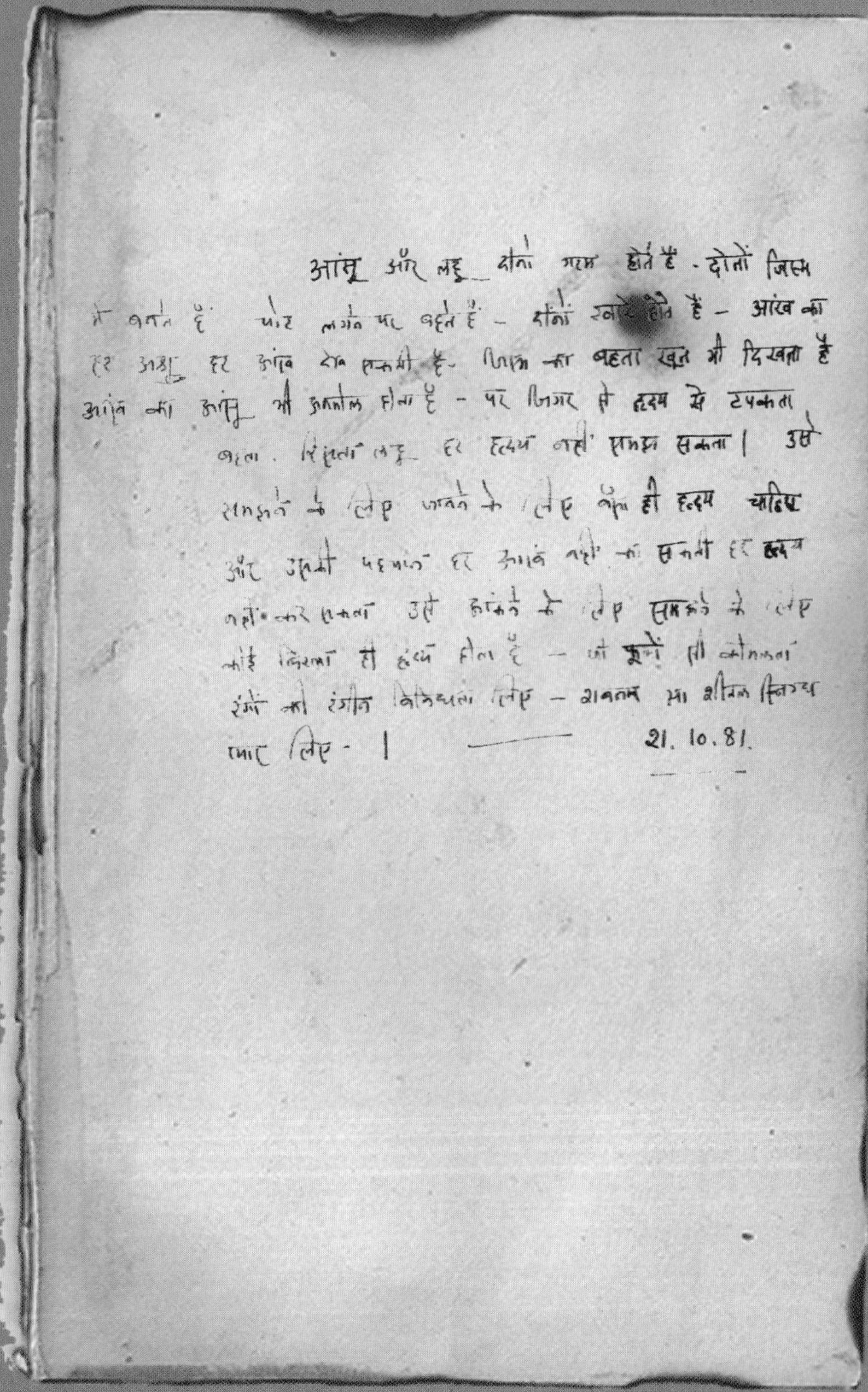

आंसू और लहू दोनों गरम होते हैं - दोनों जिस्म
में बनते हैं और लगन पर बहते हैं - दोनों खारे होते हैं - आंख का
हर आंसू हर आंख देख सकती है - जिस्म का बहता खून भी दिखता है
आंख का आंसू भी अनमोल होता है - पर जिगर से हृदय से टपकता
जाता रिसता लहू हर हृदय नहीं समझ सकता। उसे
समझने के लिए जानने के लिए वैसा ही हृदय चाहिए
और उसकी पहचान हर आंख नहीं कर सकती हर हृदय
नहीं कर सकता उसे झांकने के लिए समझने के लिए
कोई विरला ही हृदय होता है - जो फूलों की कोमलता
रंगों की रंगीन विविधता लिए - शबनम सा शीतल स्निग्ध
प्यार लिए। ——— 21. 10. 81.

आँसू और लहू

आँसू और लहू दोनों गरम होते हैं।
दोनों जिस्म में बनते हैं चोट लगने पर बहते हैं दोनों खारे होते हैं।
आँख का हर अश्रु हर आँख देख सकती है।
जिस्म का बहता खून भी दिखता है
आँख का आँसू भी अनमोल होता है
पर जिगर से हृदय से टपकता बहता, रिसता लहू पर हृदय नहीं समझ सकता।
उसे समझने के लिए जानने के लिए वैसा ही हृदय चाहिए।
और उसकी पहचान हर आँख नहीं कर सकती हर हृदय नहीं कर सकता
उसे आँकने के लिए समझने के लिए कोई बिरला ही हृदय होता है
जो फूलों सी कोमलता रंगों की रंगीन विविधता लिए—शबनम सा शीतल स्निग्ध प्यार लिए।

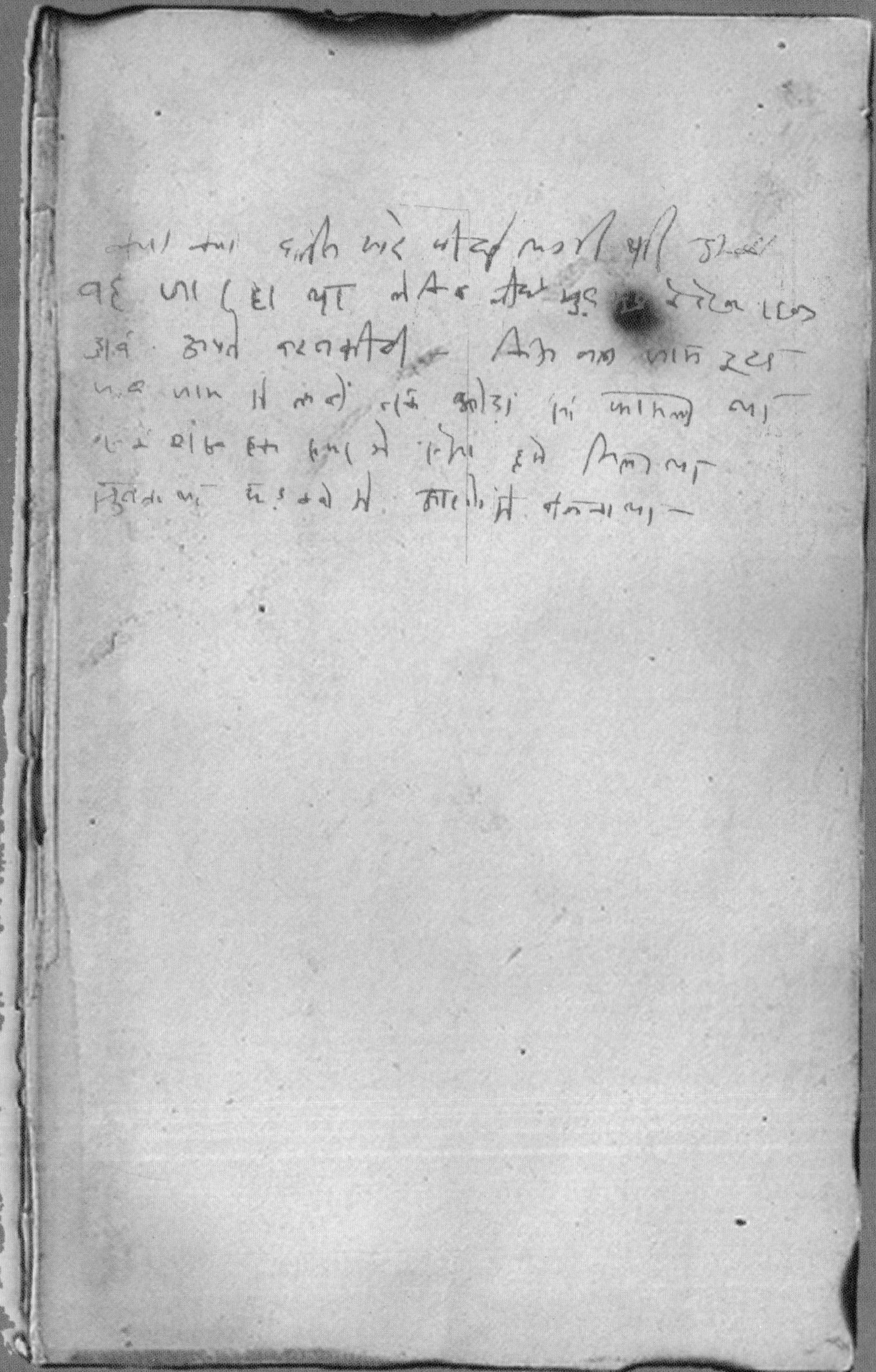

वक्त

क्या क्या हसीन यादें पीछे लगी थीं
वह जा रहा था लेकिन पीछे मुड़ मुड़ के देख रहा
अब अपनी बदनसीबी—किस वक्त जाम टूटा
जब जाम से लेने तक थोड़ा सा फासला था
एक शख्स इस सफर में ऐसा हमें मिला था
सुनता था धड़कनों से आँखों से बोलता था।

□□□

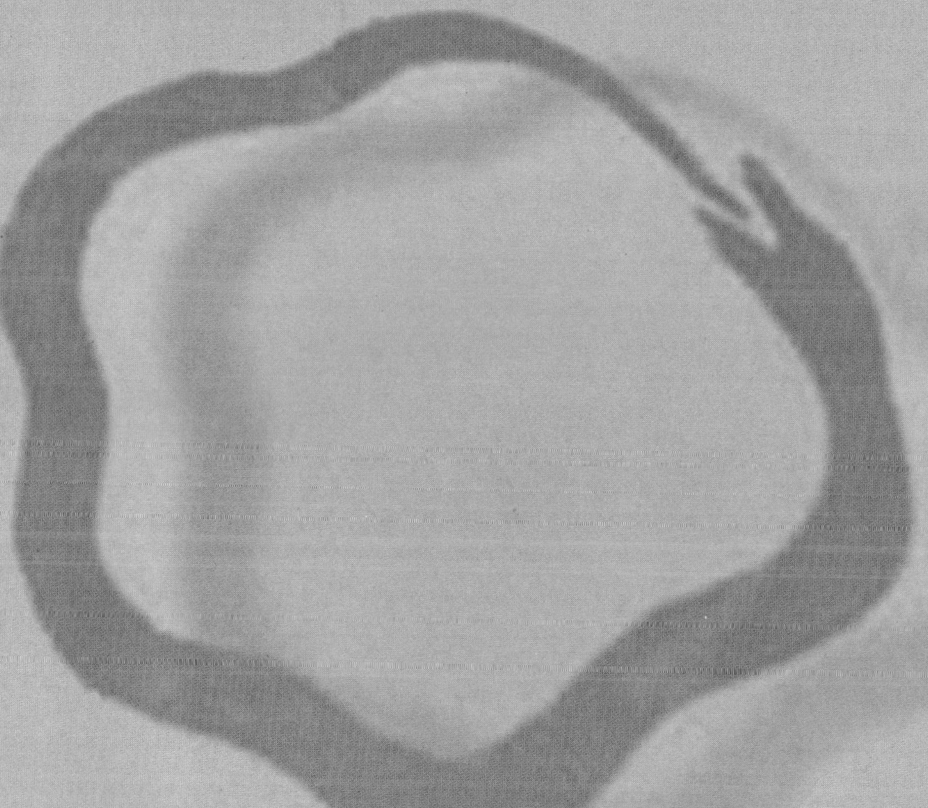